흔들리는 것이
부끄러움은 아니기에

이 도서의 국립중앙도서관 출판예정도서목록(CIP)은 서지정보유통지원시스템
홈페이지(http://seoji.nl.go.kr)와 국가자료공동목록시스템(http://www.nl.go.kr/kolisnet)에서
이용하실 수 있습니다. (CIP제어번호 : CIP2020035927)

흔들리는 것이
부끄러움은 아니기에

초판 1쇄 발행 2020년 9월 7일

지은이 김계수

펴낸이 임병천
펴낸곳 책나무출판사
출판신고 2004년 4월 22일 (제318-00034)

주소 서울시 영등포구 신길3동 325-70 3F
전화 02-338-1228 **팩스** 0505-866-8254
홈페이지 www.booktree.info

ⓒ 김계수 2020
ISBN 978-89-6339-661-3 03810

*이 책의 판권은 지은이와 책나무출판사에 있습니다.
*양측의 서면 동의 없는 무단 전재 및 복제를 금합니다.
*잘못된 책은 바꿔드립니다.

흔들리는 것이
부끄러움은 아니기에

김계수 시집

책나무출판사

시인의 말

걷다 보면
언제나 한쪽 신발이 먼저 닳아 있었다
걸음의 반은 삶의 흔적이 되었지만
나머지 걸음은 흔적 없이 사라졌다

걸음의 반은 언제나 서툴렀고
앞선 걸음을 잡아당기는 뒷발의
불안감은 더욱 커져만 갔다

걷다 보면
삐딱하게 기울어진 나를 돌보는 일과
먼저 낡아빠진 신발을 고치는 일은
고통이면서 새로운 희열이 되기도 했다

그 고통과 희열이 적힌
여러 장의 일기는 풀꽃처럼 시가 되기도 했다

| 목차 |

시인의 말 · 5

1부

어느 집 배추밭을 지나며 · 10 / 누룽지를 삶으며 · 11 / 까도 까도 양파 · 12 / 슬픈 발등에 대한 추억 · 14 / 봄멸이 · 15 / 귓밥 · 16 / 큰집 가는 길 · 17 / 산멸미 · 18 / 아픔 없이 사라지는 것들 · 19 / 섬살이 · 20 / 다행한 일 · 21 / 풀꽃과 무릎하지 않고서는 · 22 / 받을 사람 아무도 없는 꽃을 사 들고 · 23 / 허영에 대한 위로 · 24 / 말의 무덤 · 25 / 콩나물해장국 · 26 / 한낮 풍경 · 28 / 은혜로운 일상 · 30 / 아찔한 순간 · 32 / 노총각 용진이 · 33 / 뭐, 어때 하고 말이지 · 34 / 사는 것이 힘이 들면 · 36 / 산다는 것 · 37 / 어떤 공덕 · 38 / 신호등 · 39 / 추돌 사고 · 40 / 엘리베이터 · 42

2부

아프지 마라, 이 가을에는 · 46 / 길을 내다 · 47 / 한 잎으로 부서져 가는 일 · 48 / 적요 · 49 / 코스모스 · 50 / 서시 · 51 / 낙화영설 · 52 / 덜 익은 감 · 54 / 산딸기 · 55 / 겨울잠 · 56 / 꽃샘추위 · 58 / 강 건너 저 꽃은 누가 심었을까? · 59 / 하늘 끝, 물 끝 · 60 / 알밤 · 62 / 물꽃 · 63 / 가을이 때로는 가을에게 · 64 / 감나무를 베어내며 · 66 / 기적 · 68 / 너는 언제 꽃 피었느냐 · 69 / 빗방울 · 70 / 산사에서 · 71 / 감꽃 · 72 / 꽃, 입에 물면 · 74 / 꽃이 사랑하는 방법 · 75 / 봄 · 76 / 지팡이꽃 · 77

3부

그의 첫 조문객이 되어 · 80 / 빈집 · 82 / 비 오는 날 서점 아가씨 · 83 / 강구안 · 84 / 아버지, 복사꽃이 피었습니다. · 86 / 그 사랑 참 쓸데없다 · 88 / 외로우면 소리도 친구가 된다 · 90 / 어머니는 차멀미에 장에 못 가시고 · 91 / 가출 · 92 / 아내의 가출 · 94 / 짝사랑 · 95 / 아내가 세상을 사는 법 · 96 / 이별은 모퉁이에서 · 97 / 낡은 사랑은 안부를 함부로 묻지 않을 것 · 98 / 나이 든 여인처럼 가을은 가고 · 100 / 궁금한 사람 · 102 / 모정 · 103 / 이 밤을 보내고 · 104 / 사랑은 저 혼자 · 106 / 수화 · 108 / 잊힐까 두려운 고마운 사람 · 110 / 유산 · 112

4부

풀꽃처럼 시가 왔네 · 114 / 상처를 기억하는 방법 · 115 / 사거리 대낮 기생집 · 116 / 불면증 · 118 / 꽃 피었다고 축제를 하다니요 · 120 / 슬픔도 선물이라 · 122 / 치킨 쿠폰 · 124 / 조롱 · 125 / 그리움은 감기처럼 낫는 것이 아니라서 · 126 / 태우는 일 · 127 / 굴뚝이 살았네 · 128 / 거제도 포로수용소 · 130 / 흔들리는 것이 부끄러움은 아니기에 · 132 / 광장의 말 · 134 / 저무는 갈대 · 136 / 공시지가 · 137 / 사랑의 거리 · 138 / 고독사 · 140 / 나는 양식이다 · 142 / 무허가 · 143 / 발신자번호표시제한 · 144 / 오후 3시 · 145 / 삼겹살 · 146 / 생선가게 풍경도 · 148 / 거미 · 150 / 완벽한 패배 · 152

시평 / 삶의 근원과 심층을 노래하는
   원형적 서정, 김계수의 시세계 · 153
유성호(문학평론가, 한양대학교 국문과 교수)

1부

어느 집 배추밭을 지나며

산을 오르다 편한 길을 두고
마을 뒷산 언덕 밭길 사이로
애먼 길 둘러 걸어가는데
밭둑에 머리 흰 할머니 상추를
소쿠리 가득 담아 가져가라신다
나보고 아들 대신 가져가라신다
비탈밭 할머니 헐렁바지 숭숭하다

소식 온 지 2년이 지났다는
할머니 가짜 아들 노릇으로
상추 가득 손에 들고
어느 집 배추밭을 지나는데
단 묶을 시기가 지난 배추가
잎 널따랗게 퍼져서는
벌레 구멍 숭숭하다
이 밭 배추는
자주 손 타던 어머니를 잃은 모양이다

남겨진 것들은 언제나 밥보다 절실해서
숭숭한가 보다

누룽지를 삶으며

불같은 금요일을 이기지 못하고
이도 저도 먹을 것 마땅치 않아
누룽지를 삶는 늦은 식사
뜨거운 것으로 굳어졌다가
뜨거운 것으로 저의 모습을 찾아가는
누룽지를 저어가며 헛된 객기 재운다
사는 것도, 이처럼 아주 뜨겁던 날
그대로 접어두었다가
이도 저도 마땅치 않은 세월쯤에
굳어서 회복되지 않는 그리움이거든
그날의 사람들과
그날의 열렬함을 휘, 저어가며 만날 수는 없을까
뜨거움으로 인해 잠시 굳었다가
다시 뜨거움으로 본래를 찾아가는
누룽지를 삶으며
마땅치 않은 그리운 것들을 소환한다
지금 뜨거움으로는 절대 풀어지지 않는

까도 까도 양파

5월 숭어회는 좀 싱겁다며
함께 싸 먹어야 제맛이라고
통째로 툭, 잘라서
단골손님이라 준다며 내놓은 양파 반쪽
껍질 빛깔 하양에 붉은 살 올리고
둥근 양파처럼 입 크게 벌리고
동글동글 씹어대는 입 밖으로
얇은 양파 막이 하얗게 미끄러져 나온다
매운 양파 겉을 살짝 감싸고 있는
미끈미끈하면서 얇은 바람막이 같은 것이
양파 살과 살 사이 에워싸고 있다
자세히 보지 않으면
그냥 함께 씹어 삼켜도 모를 그 얇은 막이
아리고 매운 양파 속을 감싸고 있었던 것인데
까면 깔수록 그 하얀 막은 얇아지고
양파 속은 더욱 맵고 단단해서
얼굴은 더욱 찌그러지면서
바닷고기의 비린내를 잡아준다며
주인은 남은 양파를 마저 권하는데

마지막 껍질 벗기어 한 입 씹는데
숭어 맛이 아니면서
양파 맛도 아닌 것이
비에 섞인 눈물 같은 아리고 쓰린 맛이
입안 가득 고이는데
어물어물 씹어대는 내 입 밖으로
아주 어린 대파 싹 같은 푸른 것이
미끄러져 나오는 것이다

숭어를 먹는데 왜 꽃 봉숭아가 생각났는지
송어 이야기가 나오자 왜 송아지가 생각났는지
송아지는 왜 월령으로 나이를 세는지
양파는 왜 까도 까도 마지막까지
양파이어야만 하는지
어린 푸른 싹을 감싸고 있던 양파는 왜 맵고 달았는지
매운 눈을 찡그리며 소주를 마셔댔다

슬픈 발등에 대한 추억

발등이 큰 스무 살 여인을 만났었지
처음 신은 구두 밖으로 발등이 두툼했지
함께 영화를 보러 갔다가 부푼
발등이 그만 무서워 도망을 쳤더랬지
혼자 남은 발등은 한동안 눈을 뜰 수가 없었겠지
시선에 찍힌 발등이 아파서 한참 일어설 수 없었겠지
두툼한 그 발등이 뿜는 아픔을
흐르는 눈물로도 씻어 낼 수 없었겠지

모래 품은 찬바람이 갑자기 달려들어
눈 속에 모래 몇 알을 남기고 가네
한참 동안 눈을 뜰 수가 없네
눈동자를 움직일수록 더 쓰라리네
눈물을 흘려 보는 수밖에
흘린 눈물로 쓰라림을 씻을 수밖에

아픔으로 흘린 눈물이
눈물이 보듬은 아픔이
작은 모래알 속에 굳은 화석이 되어
이제는 나의 가슴에서 쓰리게 우네

봄멸이

멸치 살 오르고
마늘 꽃대 나올 때쯤
여자가 더 많은 저구 어촌에는
멸치찜을 한다는구나

성질 급하게 누운 멸치에
밭에서 파랗게 꺾인 마늘종
재피, 다래 애기순이랑
또랑에서 캐 온 돌미나리에
송진포 양파 두둑이 썰어 넣고
밀가루 버무려 한소끔 쪄내면
이장댁 송아지 모판에 홰를 치는지도
모르고 멸치찜을 먹는 거라

그래야 청보리 알베이고
과부 엉덩이 힘주어 버티는 거라
그해 농사 머슴 힘만큼 되는 거라

귓밥

바쁘게 계단을 내려서는데
귓속에서 돌멩이 구르는 소리 들린다
비바람에 가끔 산 아래로 구르던
옥녀봉 돌산처럼 쿵쿵쿵 무너진다
큰 돌이 무너지고 작은 돌이 구른다
바깥에서 들어와 마음이 되지 못한 소리
입구에서 오래 묵어 겹겹이 쌓였다가
소리가 소리의 길로 들어서지 못하게 되었을 때
서럽고 무겁게 쌓여가던 소리
오랫동안 공들이며 좌불상이 되었구나
가슴에 닿지 못해 돌이 되어 떨어졌구나
돌로 굳은 소리 귀 파듯 헤아렸다면
돌이 되기 전 저 소리 귀히 들었다면
아이처럼 하얀 귀를 가졌을까
오늘도 어떤 소리는
내 이기利己의 귓속에 길을 잃고
서운하여 돌로 쌓이고 있겠다

큰집 가는 길

서울약품 원기소와 높은 재를 견주다가
멥쌀 든 아버지 다른 쪽 손을 잡고
배시시 따라나선 재 넘는 길
텅 빈 숲 어둠이 일어서고
끝자락 놀던 햇빛, 발밑으로 사라지면
공양 알리는 종소리 멀고 길었다
산더덕의 향기는
귀신이 내어 뿜는 독
하얀 덜꿩나무 꽃무리는 귀신의 밥
여린 숨소리 어둠에 치이고 약해지면
집에 없던 꽃들이 도깨비처럼 피어났다
울리던 종소리 산 끝에 먼저 쉬고
내 손바닥 땀을 당신의 바지에 문지르며
다시 잡는 아버지의 뼈마디가
때마침 힘차고 굵었다
감자 수제비 냄새가 수두룩하게 피었고
국물은 졸아 건더기만 남은 수제비
아버지 그릇에다 한 숟갈 옮겼더니
욕봤다, 한마디 하신다
넘어온 재가 까맣게 잠들었다

산멀미

매물도 파도를 데리고 닿은
매서운 바람이 미륵산을 건너가면
나는 난감한 산멀미를 한다
닿을 곳도 피할 곳도 없이
부수고 밀치는 푸른 울렁거림이
간간이 토해내는
황토 옛길,
닿을 사람도 매달릴 정情도 없이
나약한 발짓으로 만나는 혈육은
원망이 되기도 한다지만,
빨치산 탄약상자 짊어진 군홧발 무지랭이
털 빠진 닭 모가지처럼 굽은 허리
그 무지랭이 발길로 평생을 굽은 산비탈을
쟁기질 걸음으로 꺼억꺼억 오르내리던
거기 산길, 가난한 내 원망이 누웠다
오래 삭은 원망은 그리움이 되는 줄
미처 몰랐던 나는
난감한 산멀미를 해 댄다

아픔 없이 사라지는 것들

차가운 물로
얼굴을 씻어 보는데
가는 눈썹 몇 가닥 떨어진다

부러진 것도 아니고
같은 살 나누고 살았던 뿌리까지
온전히 뽑힌 눈썹,

내 몸에서나 내 그리움에서나
저리 아픔도 없이
자리한 내색 없이
영 사라지는 것들도 있겠다 싶은데

하루가 하루를 쉽게 내어주며
흔적 없이 고통 없이 사라졌을
무수히 이울어진 인연들 더듬는데
자리한 흔적을 되돌아보지 않는
마음속 숱한 자국들 뒹군다

섬살이

너는 해 먼저 드는 섬에서
나는 달 스미는 맞은 섬에서
너는 내게 하얀 파도 고이 밀고
나는 네게 푸른 바람 스쳐 주어
너는 안 섬에서
나는 밖 섬에서
섬으로 살고자 하네

다행한 일

너무 이르게 내민 꽃송이,
밤사이
차가운 바람에 눈마저 감았으리.
다음 날
다행한 봄,
살펴보고 돌아서는
발끝에 포근한 바람 잘게 맺혔네.

"콩나물은?"
다행한 일,
알 턱 없는 꽃샘 가득한 아내
그렇지, 콩나물 심부름은 해야 다행이지.
그런데 콩나물도 꽃이 피었던가?

풀꽃과 무릎하지 않고서는

사람과 사람 사이에 시름 앓다가
가슴이 해어져 아픈 사랑은
밤마다 무엇으로 무너지나
어디로 가서 시름시름 저를 버려
아침에는 설핏한 얼굴로 돌아와
포도 썩는 냄새를 내어놓나
무릎하여 바라본 하늘과 별은
아침마다 무엇으로 되돌아오나

쏟아지는 풀잎의 색
밤새 이슬을 내린 흰 별들과
다시 이슬을 데려가는 햇살과
그 햇살을 보듬는 푸른 하늘이라
그러니 아파본 적이 없는 자, 별을 쳐다보지 마라
풀꽃과 무릎하지 않고서는, 하늘을 쳐다보지 마라

풀잎 또르르한 이슬을
스쳐버리는 발길로는
감히 사랑을 시작하지 마라
감히 흉내도 내지 말고 가라

받을 사람 아무도 없는 꽃을 사 들고

누구에게도 꽃 받을 일 없는 사람이
받을 사람 아무도 없는 꽃을 사 들고
꽃을 꽃처럼 가슴에 들었다가
꽃을 짐처럼 등 뒤로 돌렸다가

누구나 해 봤다는 듯
누구나 이해한다는 듯
사람보다 꽃을 걱정하는 별별 눈총

꽃보다 사람이 궁색한 난처한 밤
꽃잎의 수보다 더 많을 경우의 수
꽃잎의 색보다 더 타는 마음의 안

누구에게도 꽃 받을 일 없는 사람이
받을 사람 아무도 없는 꽃을 사 들고
꽃을 그대처럼 가슴에 안았다가
꽃을 저처럼 등 뒤로 숨겼다가

허영에 대한 위로

꽃게가 누웠다
바닷물 그릉그릉한 고무통에 담겨있던
단단하고 아름다운 꽃등을 가진 꽃게가
시장 바닥에 뒤집혔다
고무다라이 힘 빠진 바닷물이나
선착장에서 불어오는 바람으로는
일어설 수 없다는 듯 바둥거린다
제각각 흥정에 바쁜 시장 사람들에게
누운 게 한 마리쯤이야 짝 맞춘 구색
등 주름 뱃살 아래로 당기어 숨기고
파도와 모래에 등 곱게 쓸고 갈아서
단단하고 유리같이 빛나는 꽃등
화려하고 단단한 등을 보여줄 수 없는 것이
분하고 안타까웠을 꽃게의 발버둥

꽃게의 외침은 잦아들고 흥정은 끝나가고
시장 바닥 누운 게 한 마리쯤은
시장 바닥에서는 그래도 된다는 듯
말이나 글이나 함부로 갈겨쓰던 사람들
웅성거리는 동안 꽃등은 조용해졌다.

말의 무덤

추석이 지나면서 손 없는 묘지
길섶 갈꽃에 바람이 사룽사룽 간지럽다
오래된 빈집처럼 사람의 발길이 사라지고
세월의 무게만큼 땅으로 내려 피는 꽃터
갈꽃 발가락이 야금야금 다가서는 중이다
사람들이 땅을 파기 시작하면서
얼마나 많은 묘지 위에 집을 지었을까
사람들이 죽음을 표하기 시작하면서
언제나 내달았을 많은 표식 앞에 엎드려
새로운 말들을 뱉어 물고 돌아섰을까
이미 갈꽃은 바람에 흔들리기로 하였고
과거의 무덤들이 언덕이 되고
사라진 표식들이 흙으로 사라져 갈 때
세월을 가름하는 건 흔들리는 갈꽃뿐,
사람들의 말은 바람으로도 기록되지 않았다

콩나물해장국

세상을 이기려면
더 깊이 더 많이 다쳐야 한다는데
밤새 열뜬 가슴들이 눈 비비며 찾는
충무병원 앞 콩나물해장국집
구두를 접어 신은 구부정한 사람들이
의례적으로 모여든다
방금 죽음 앞을 통과해 온 사람들
노른자 휘젓는 푸성귀에 속이 베이고
뚝배기 부글부글 속 읊어대는 소리에
구두를 접은 것처럼
지난밤 한 사람의 인생을 소란스럽게 접어두고
해장국값은 누가 계산할 것인가를 두고
살아 있는 손가락으로 내기를 한다

죽음, 해장국으로 다시 살아나는 속 같을지라도
이 사람 저 사람 가리지 않는 부음은 위험하다
죽는 일에는 게으를 것처럼 남자는 느리고
접힌 뒷굽처럼 납작해져 전하려던 말은
차려 나온 마른 김처럼 바삭해지고
해장국에 들어간 길고 흰 콩나물의 아삭함에 대해

부음에 답하듯 몇 마디 주고받는다
부글부글 끓는 뚝배기 속 푸성귀 같은 사람들이
하룻밤으로 일생의 예의를 끝내고서는
우리는 죽음 앞에서도 콩나물처럼 아삭해지기 위해
접힌 구두를 바로 신고 하나, 둘 흩어졌다
세상을 이기려면
더 깊이 더 많이 다쳐야 한다는데 말이다

한낮 풍경

큰일 났다!

구름은
흥분한 아이 웃음처럼 부풀어 오르는데
바람이 보이지 않는다
두툼하게 부푸는
저 구름을
언제 말끔히 치우려 하는지,
게으름을 피우다간
산비탈 앙칼진 바위처럼
우당탕 비 떨어질지 모를 일

큰, 나무 이파리 평상마다
웃통을 벗고 통통한 낮잠 즐기는
바람난 바람을
대빗자루로 저어 날려 보내야지
하고 마당 허공을 가르는데
바람은 잘도 비껴서 앉고
대빗자루에 걸려드는
잠자리 한 마리

불쑥 튀어나온 눈동자에
흰 구름이 맑고 맑다

은혜로운 일상

문 닫는 터미널 빵집 출입문을 붙잡고
버스 도착 5분 전 딸기 케이크를 주문하는
사람의 급한 축하처럼
서리 맞은 찬 공기 빠르게 퍼져간다
버스 안의 사람들
케이크를 든 남자의 느슨해진 넥타이와
기다리는 가족의 축하를 잠시 생각하다가
뜨거운 청춘들의 헛된 객기 가득한
밤거리에 자신들의 하루를 창틈으로 버린다
라디오에서는
'일상 속에서 실현하는 편안한 대한민국'의
화려하고 안전한 새벽이 라디오에서 몰려오고
편의점 축축한 플라스틱 의자에 앉은
대리 기사들의 얼어붙은 눈덩이들이
불 꺼진 숙녀복 마네킹을 응시하는 동안
버스 터미널 불 꺼진 약국 앞에서는
속 비린 환자들의 토악질 소리가
첫차 매표 시간을 기다리며 앉았는데
25시 해장국 환한 간판 불빛에
구둣발에 멍든 건널목만 시리고 희다

서로 말도 없이 세상의 안부를 검색하며
경쾌한 시동을 기다리는 노동자들
'활기차고 신선한 은혜로운 대한민국'의 뉴스가
그들의 눈구멍으로 대학 우유처럼
부드럽게 넘어간다, 넘긴다.

아찔한 순간

그 사람을 잠시 생각하는 사이,
꽃 지네
하롱하롱
꽃 지고 말았네

노총각 용진이

42살 먹은 노총각 용진이는
오늘도 버지니아 담배 두 갑을 뜯어내고
어머이, 돈 좀 주소, 서울서 친구가 온다카네
도다리쑥국 좀 먹이야지 하는데
손가락이 총이면 아매도 열 번도 넘게 쐈을끼라,
달구새끼 똥구멍을 믿으모 알이라도 나오지
아주머니 헤진 수건으로 갱물을 닦아 올리네
나잠배 탄 지 이십 년은 지난
아주머니가 개밥그릇 발로 차네
애먼 망사리 마당에 홱 팽개치네
숨 참고 잡은 돌멍게 성게 해삼이 맨바닥에 나뒹구네
곰 같은 손으로 홍우리에 다시 주워 담는
42살 먹은 노총각 용진이 곁으로
마실 나갔던 똥개가 달려와 꼬리를 흔드네

돌미역냄새 풋풋 풍기고 머구리 배 한 척 들어서네

뭐, 어때 하고 말이지

언젠가는 이런 생각도 했어.
비 오는 날
대책 없이 젖어 쌓는
저 넓은 바다를
무엇으로 덮어 줄까,
누가 무엇으로 젖은 머리를 말려주나,
혹은 맑은 날
또 이런 생각도 했어.
설탕 한 포대를 어깨에 메고
"줄을 서렴, 설탕 뿌려 줄게"
이 세상 모든 개미
줄 세우고 싶었지,
뭐, 어때 하고 말이지,

뭐? 어때 하고 생각하면
할 수 있는 일들이 많아졌지
아무렇게나 어디서나 핀 꽃 마당에
내 가슴을 비비며
그 길에 잠들고 싶었지,
뭐, 어때 하고 말이지

그래 뭐, 하고 말이지

사는 것이 힘이 들면

사람 안 드는
깊은 절
처사로 살고 싶네.

살다 스친
한둘 인연
거기서 다시 만나

가볍게 살림 차려서
우연인 듯 살고 싶네.

산다는 것

추운 겨울밤
하얀 눈이
파랗게 질린 어린 소나무를
소복소복하게 안아서
겨울 한가운데를 지나왔다.

차가운 것이
차가운 것을 안아서
겨울 한가운데를 무사히 건너왔다.

참 고마운 일이다

어떤 공덕功德

사람 나이로
팔순이 넘었을 똥개가
마루에 누워
반쯤 눈을 뜨고 잠꼬대를 한다.

한 번도 사람의 이기利己와
한 번도 사람의 나이를 이겨보지 못한
누런 똥개를 보듬어

내 침대에 뉘여도 좋을
따뜻한 저녁이다.

신호등

가뭄 끝에 비가 내린다
누가 바친 재물이 하늘을 울렸는지
재물이 궁금하여
텃밭을 오르는데
어라,
사흘 만에 웃자란 달개비풀이
고개를 빳빳이 세우고 길을 막는다
허,
이놈 파랗게 질린 눈을 보니
더운 날씨에 아주 서운했던 모양이다
볕 아래 이슬 묻은 노란 꽃눈과
희고 긴 주둥이를 내밀고 달려든다
노란 꽃눈 이슬 털어주니 오른손 쭉 뻗어
길을 낸다
개불알꽃이며 생기 어린 나팔꽃까지
비 장난질에 묻은 흙 털고 길을 낸다

적색 신호 하나 없는 파란 길

추돌사고

출근길
안개 낀 대교에서 추돌사고가 났다
첫 번째 속도는 멀쩡한데
뒤따르던 속도가 심한 엄살을 부리고 있다
여유 부리던 활기찬 이웃의 속도들이
별안간 구경꾼이 되어 웅성거리고 있다
순식간 가까워진 속도들이 서로 모른 체한다
멀쩡한 속도를 뒤따르던 세 번째 속도가
관성의 법칙을 들먹이며 애걸복걸이다
힘을 주어 견뎌보았지만 이미 속도는 딴청이다
이제
잠시
꽉 죽은 속도들을 다시 살리려 엄청난 속도가 달려올 것이다
  멈추고서야 시작되는 모든 아픔을 알리러 엄청난 속도가
  달려올 것이다
  가까이 마음을 더 얻겠다고
  얼떨결에 부딪혀 상처 입은 마음이
  더 아프겠다 싶을 때

아픔보다 더 엄청난 마음이 달려왔으면 하는데
설움보다 더 엄청난 환희가 달려왔으면 하는데
이미 마음은 딴청이다

엘리베이터

꿀꺽,
목덜미에 꽂히는 낯선 무리의 시선들이
불안에 떨다 점액질 침묵으로 흐른다
살아 있는 시선만 살아서 가지는 표적을 바라보며
세상에서 가장 근엄한 위선僞善을 경배한다
그것은 의도하지 않은 완벽한 학습

흠 흠,
침묵 앞에 머츰해진 배웅받은 웃음들
부여받은 본질들이 옆구리를 찌른다
아주 익숙한 고통인 듯 근육은 헛기침을 발산하고
전파도 튕겨 나가는 단단한 사각의 벽,
벽에 달라붙은 건조한 시선을 갉아먹는
웅, 웅 쇠 갈리는 소리

다시 낯선 무리들
꽂히는 시선에 익숙해진,
꺼내서 버릴 수도 없는 고통들이
속 끓고 있다
언제나 사각의 지구는

방향 잃은 인류를 가두고
끝없이 제자리를 오르고 내려올 뿐

2부

아프지 마라, 이 가을에는

아프지 마라,
너의 가을에는 아프지 마라
나 뒤돌아 걷는 사이
그리 말하고 가는 사람의
어깨가 더 흔들려 전해 올 때
내 아픔은 잠시 묻어 놓아도 좋으리

아프지 마라,
나의 가을에는 만남도 서러워
너 사라지고 나면
아픔도 미안한 이 단단한 속을
드물게 피는 가을꽃 아래 묻고
설마른 꽃씨처럼 떨어져도 좋으리

그러나, 나는 그제야 아파하리
이제 가벼운 꽃씨처럼 이 가을과
저 가을 사이 눈물도 없이
흔드는 바람으로만 너를 기억하리
불편한 그리움으로 너를 기억하리

길을 내다

밭둑 드나드는 자리
키 넘어 자라 달아오른 산딸기나무
오가는 나를 염려하여 길 쪽으로 뻗은
가지 서넛 잘라내었다
붉어지기 전 살 올라 두툼한 노랑,

다음 날
다시 밭을 오르니
잎과 가지는 쪼그라져 말라가고
내 염려를 벗어났던 노란 열매가
잘렸던 가지에서 익어가고 있다, 빨갛게

그 잘린 가지와 잎에서 밤새 끌어모았을 수고로
기어코 붉게 영그는
나에게는 그저 웃자란 가시였을 저것이
가만히 붉게 살아가고 있다

그 마른 가지 옆으로 다시 길을 내었다

한 잎으로 부서져 가는 일

사람이 드문 겨울 산
수북하게 쌓인 마른 잎들이 긴장한다
푸른 기억들이 바스락거린다
봄과 여름에 힘 부쳐 자라
가을에 멈추었을 기억들의 발악
내 발길을 알고는 악, 하고 부서진다
그 나무 아래 그 잎과
다른 나무의 다른 잎들까지
숱한 기억들을 부수며 걷는 사이

내 푸른 흔적들도
어디에선가 불모의 인연으로 바스락거리며
부서지거나, 아예 사라지고 있을 것이지
찬바람으로 나이를 견디는
겨울나무처럼
산다는 것은
한 나무의 잎으로 푸르다가
조금씩 부서져 사라지는 일인 것이지

적요 寂寥

돌머리
다 드러나도록
마당 훤하게 쓸던 낮 바람
밝은 빛 서러운 부엉이처럼
장독대 앉아 잠이 들고
빈 마당엔
늙은 호박 궁둥이처럼 넓게 퍼진
하얀 달빛 저 혼자
고요해서 지루하다

한밤 늙은 아비 기침 소리에
돌담 아래
밤나무 잎 다시 돌아눕고
마당 가득 퍼진 몸 단정히 말아
나뭇가지에 걸터앉는 달
그 달빛 하품 한번
정갈하다
닭 우는 새벽은 멀기만 한데

코스모스

가슴이 기억하는
모든 사랑은 눈물이다
편지 심부름을 시키며
손톱을 깨물던 형처럼,
부드러운 속 품을
형의 여자에게서
처음 느껴버린 나처럼,
빛과 바람의 눈치를 보고 자란
푸르던 시절
흔들리다
흔들려 꽃보다 먼저
눈물이 피어나는
몽우리 가슴으로 비벼 안으면
제 설움 목까지 차올라
속 시퍼런 연정戀情
가슴이 기억하는
모든 눈물은 사랑이다
저만치 서서 뒤돌아본들
얼마나 뛰어 달아나 본들

서시 序詩

어떤 자리에서도 유전자의 본질을 외면하지 않고
기어이 피어나는
절벽 바위틈 구절초를 내려다보면서
나의 직선을 기억한다.
좌
우
편향偏向으로 살았을 나의
곡선을 또 염려한다.

오늘은
소리 없이 산에서 내리다.

낙화영설

가지 없이
제 몸 하나로
잎이고
꽃이었다가

잠시
돌아앉는 불귀不歸의 망설임,

숨 쉬는
어떤 인연인들
떠나는 것을 미안해하지 않을까만,

데리고 스치는 바람에 귀 기울이지 않으면
떠나는 자의 걷는 걸음은
저토록 가벼울 것인가

진흙의 일상 틈으로 묻어 감출 수 있는
오전의 잎과
오후의 꽃으로 돌아가는 사랑이라면

또 저리 고요할 것인가

덜 익은 감

풀밭에 버려진 덜 익은 감
작고 가지런한 앞니로
살짝 베어 문
일곱 살쯤의 얕은 잇자국
남겨진 흉터 가지런하여
엄살 없이 오므리고 있다
정오를 넘긴 맑은 햇살로 아물어지고 있다
떫은 소란 지난 자리에
찡그린 아이의 얼굴이 아직 매달려 있다
달까? 호기심이 거기 메말라가고 있다
사라진 아이 떫은 입맛처럼
물린 자국 헛바닥 가려움을 참아내고 있다
텁텁한 헛바닥에 하얀 침 흘리며
냅다 돌아섰을 아이

덜 익은 감, 저도 미안했는지

산딸기

맑은 이슬 그렁그렁 달고
새벽 아침 어머니 손에 들린
푸른 뽕잎 속 빨간 산딸기

이른 개미 서넛 데리고
새벽잠 잘게 잘게 부셔 담은
싱싱한 봉지 속, 알 굵은 산딸기

싱그럽게 덤불 속 휘저으며
등굣길 우등상처럼 내민 어머니
손바닥에 자라나는 빨간 산딸기

겨울잠

구름에서 내리는 비
나뭇가지에서 떨어지는 잎
구천을 떠돌던 못된 여름의 장난질이다, 헛된 추락이다
뼈 마른 나무 성난 여름의 기억을 온몸으로 벗어 던진다
나도 옷을 벗는다.
나무는 아랫도리 깊숙한 곳으로 모든 추락하는 영겁永劫들을 받아 감싼다 문득
어느 골짜기의 흰 풀씨 하나 발등에 불시착한다, 출생지를 알 수 없다
모르는 척 발가락 끝에서 잠시 머뭇거리다 나도 가벼운 풀씨가 된다
하나의 바람이 불고
모든 것들의 추락은 쉬지 않는다

내리는 구름비와 떨어지는 마른 잎은
고단한 여행의 무리에서 소식이 단절된 사생아, 그런 사연 움큼움큼 안고 떨어지는 나무의 아랫도리는 포근하다
나도 무릎을 구부리고 단편으로 추락하여 알몸으로 눕는다

몸이 따뜻해져 온다 기침이 멎는다 입과 코와 귓속으로 추락이 몰려오고 부드러운 흙이 채워지고 토실한 굼벵이가 혀를 내민다 발가락 섶에서는 얇고 고운 실을 뿜어 온몸을 칭칭 감싼다

등 넓은 나무의 알맹이가 된다.

모든 추락이 멈춘 시간, 밥도 공기도 필요 없는 무중력의 자유

텅 빈 나무속 나는 번데기로 쪼그라지고 깊은 사유로 잠긴다

이제는 비상飛上도 없고 추락도 없는

꽃샘추위

아슴아슴
부푼
몽우리 앞에
살그미 무릎 꿇어
온전히 건디는 이별이 있어
오늘은
꽃
피우지
않기로 한 날,

쉿!
모두 엎드려

강 건너 저 꽃은 누가 심었을까?

작은 디딤돌 사이
송아지 무릎 높이로 물 흐르는
강 건너에 핀
저 꽃
누가 심었을까?

줄지어 자라지도 않으면서
점 점 점, 다정히 알맞은
강 건너에 핀
저 꽃
언제 피었을까?

누가 심었는지 모르면서
언제 피었는지 모르면서
바람 따라 물 흐르는 소리에
수줍어 떨어지는 꽃잎 하나

하늘 끝, 물 끝

눈 깜빡이지 말고
푸른 하늘을 쳐다봐
쳐다보면
수많은 고래가 원을 그리며
사방으로 흩어졌다가
새가 되어 다시 모여들지
온통 맑은 바람에
씻긴 푸른 바다지
끝과 끝 맞닿은
저 멀리
바다에서 하늘로
하늘에서 바다로
새 떼들은 날지 않고
물결 고운 하늘에서
헤엄치며 높이 날지
바람 좋은 바다에서는
물고기 날개가 새로 돋지

아이들은 모두

그 끝에서 자라나고
어른들은 모두
그 끝에서 사라지지

알밤

딱,
한 번 나는 새가 있지
헐거워진 둥지를 박차고
일생 한 번의 날갯짓

답답했던 둥지 세게 밀치어
잠든 지붕 위 요란한 비행
후두둑, 후두둑
밤사이 나는 새가 되어

달 밝고 바람 잠든 밤에
딱 한 번 나는 밤새가 되어

물꽃

이해할 수 없다는 그녀의 전화에
가오치선착장에서 사량섬 배에 오른 아침
가을비 내리고 출근을 끝낸 뒤라 객실이 텅 비었다
멀리 벼루 아래 희게 일던 메밀꽃
몸 흔들며 스륵스륵 부서져 내리는데,
부지런히 뒤따르는 물꽃 속에 고등어 떼 튀어 오를까
잔잔한 수면을 뚫고 어린 고래 한 마리 숨을 쉴까
궁금한 사이
그녀의 딱딱한 오해가 물렁한 내 가슴에 얹힌다
우리가 만나서 부딪히면 누가 메밀꽃으로 일어 부서질까
만나서 얼굴을 바라보면 누가 벼랑으로 버티게 될까
갈매기 앉지 않는 까만 벼랑에
언제나 다가가는 것은
제 몸 잘디잘게 쪼개어 곱게 피는 물꽃이라
어쨌든
돌아오는 길에는 잘난 척 버티는 벼루에
가을비 흠뻑 젖은 마음이나 말려 볼 일

가을이 때로는 가을에게

가을이
때로는 가을에게
거짓말을 하는 법이라서
어떤 남자가 지나갔는지 가을이 다 알기 어렵다.
푸르게 달라붙는 대추의 끈질긴 꽁무니에서
파릇한 밤송이가 석양처럼 익어 갈 때까지
해 질 녘 통영 달아공원이나
욕지도 높은 언덕에 홀로 섰던 남자들만으로
가을이 깊어지는 것은 아니다.
폭풍과 비바람을 이겨낸 남겨진 풀잎들이
아슴아슴 지는 해에 마음을 아끼는 때
순간 찾아오기도 하는
가을은
말라가는 풀잎에 몸을 걸친 늙은 여치의 울음,
일생을 울고도 함께 돌아갈 짝을 이루지 못하는
귀머거리 귀뚜라미의 하얀 고막 같은 것.
가을이
때로는 가을에게
거짓말을 하는 법이라서

어떤 인연이 다녀갔는지 가을이 다 알기 어려워도

밤이슬 툭 떨어지는 가는 풀잎에

제 얼굴을 비쳐 본 사람이라면

가을이 언제 지나가는지는 알 수 있지 않을까

감나무를 베어내며

누나는 익지도 않은 감이 먹고 싶다고 하였다
지붕보다 높은 감나무에 발정 난 달이 또랑또랑 누웠고,
아버지의 헛기침 사이사이 들창은 조금씩 열렸고
나의 잠도 늘 반쯤이었다.

누나는 익지도 않은 감이 먹고 싶다고 하였다
넓은 감잎에 내려앉은 달빛 부스러기를 털어내고
조금 붉기 시작한 감을 따면
달과 누나의 봉긋한 가슴에도 설운 감물이 붉었다.

다시 시작하는 것은
끝내고 사라지는 흔적들을 지워 내는 일만큼,
아프고 허전하고 속 쓰릴 일이었겠지만,
들창이 닫히고 몇 날이 지나고 나면
홍시처럼 발그레한 누나의 얼굴을 다시 보았다.

이제 죽은 감나무를 베어내고
누나의 오래된 들창 아래에 서서
내 키보다 낮게 쪼그라진 돌담 앞에 서서

창틈 녹슨 머리핀과

들창 아래 까치발 굳은 사내를 걷어 올렸다.

기적 奇蹟

아침에 보지 못한
들꽃이
마침 거기
소문처럼 피었을 때
오래 보지 못한
그녀가
약국 모퉁이를
천천히 돌고 있을 때
그들의
눈 속에
샘물처럼 내가 흐를 때

너는 언제 꽃 피었느냐

바위틈 둘러 자란 구절초를 보며
아, 저 꽃 피면 예쁘겠다 하는데
뒤따르는 아이 안 피어도 예쁜데요 한다
오로지 일상의 얕은 관성과
불안한 걸음으로 살아온 나에게
꽃 피어본 적 있느냐고 묻는다
호랑이 하얀 등뼈처럼 솟아난
소나무 관솔 오랜 자리
엉겅퀴 날 선 빛깔로 꽃을 내는데
함부로 엉터리 관습으로 발 디딘 자리,
사부작사부작 일어서는 눈빛
너 꽃 필 때 걸음 바꿔 다시 오르리라
그새 꽃 피었느냐 안부하며
나는 언제 꽃으로 피었더냐 야단하며

빗방울

비 내리는 오후
이파리 끝 처처에 매달린
빗방울,
돋보기를 가까이 대고
그 한 방울 방울로 떨어지기까지
가만가만 가까이 다가서서
다른 물방울이 거기 다시 자리하기까지
차례차례 살펴보아도
내 눈에는
맑고 조용한 놀이일 뿐,
어떤 이유로도 앞서 흐르지 않고
몰랐던 방울과 방울들이 어울려져
무엇 하나 파괴하지 않는 원래의 질서
명령하지 않아도
서로가 서로에게 따뜻한 밀착,
그래서 방울 너머 건너 세상
투명하게 온몸으로 담아내고서야
다시 빗물로 흐르는
생명의 씨앗

산사에서

내내 쌓인 묵은 외침을 뱉어내는 딱새들의
가벼운 몸짓,
산뽕나무 굵은 팔에 안긴
달콤하고 부드러운 바람,
깨질 일도 부서질 일도 없을
땅에서 솟아나는 풀꽃들,
까마귀와 멧돼지가 놓친
온전한 씨앗들이 움트는
산사에서 내게 묻는다

네가 없었으면 나는 말 한마디라도 했을까?

감꽃

이른 새벽
꽃 몽우리 닫은 나팔꽃처럼
아침이 오기를 기다립니다.
날이 밝기 전
하얀 밤 깊게 채운 장독처럼
잘 재운 편지 그대에게 보내버릴
마땅한 이유를 찾아야 합니다
작은 바람에도 똘개똘개 떨어지던
지난밤 별빛 주워 실에 꿰어도 보고
야윈 어깨를 흔들며 떨어지는
감꽃 몸속으로 주워 담아도 보는데
게으른 새벽은
바지개 키만 한 돌담을 얄밉게도 더디 넘습니다
사람들이 지난 자리 질갱이 더디 피듯
자주 다녀갔던 당신의 발걸음으로는
그 이유는 드문드문 다가옵니다
천천히라도 아침이 왔으면 빌어도 보는데
실목걸이는 무릎까지 닿았습니다

당신에게 마음 하나 함부로 전하지 못하는 오늘은
떫은 감마냥 아려 옵니다
숨 가쁘고 막막하여 그대 흐려진 얼굴만 감꽃으로
뚝,
뚝,
떨어집니다

꽃, 입에 물면

풀각시 너울너울 삐비꽃 입에 물면
도래솔 묏등 뒹굴던 추억은 나풀거려
나 몰래 시집간 순이
그때처럼 생각날까

찔레꽃 하얀 잎 손바닥에 곱게 얹어
개여울 입속에 줄지어 던져주면
애달피 구겨진 사랑
다시 피어 돌아올까

향긋한 아카시아 꽃잎 따다 입에 물면
발걸음 느려지고 향기는 앞서가는데
젖먹이 어린 벌이나
꽃 잃고 설워할까

꽃이 사랑하는 방법

나비가 슬그머니 눈높이로 앉았네
수줍은 얼굴이 방긋하여
하얀 꽃잎 흔들리네
나비는 앉아서 향기처럼
입을 내밀었네

우리 한동안 뜨거웠네

봄

볕 드는 창 너머 노랑멧새 앉았다 잠시,
시린 허공 수없이 가르고 사라진다 다시,
개울가로 날아들어 푸른 댓잎에
고드름 툭 차니
그제야 봄은 산꼭대기로 내달음치기 시작한다

늦잠 자던 후박나무 졸음 털고 깨어난다

지팡이꽃

나무에서 잠자던 바람이 깨면서
검은색 아스팔트가 연분홍으로
꽃잎 고르게 굴러 넘치는 아침

어디서 날아왔을까?
지팡이 한 마리
꽃길 위에 앉으려 무진 애를 쓴다

앉으려 하면
바람이 꽃대를 흔들고
앉으려 하면
지나는 사람들이 수줍어 고개를 돌리고

어지간하면 꽃 같은 건 잊고
돌아설 만도 한데
포기를 모르는 지팡이
손잡았던 여자가 커피숍 의자에 앉자
바람에 닳아진 여자의 발목을 빤다
여자의 발목에서 꽃이 피었다.

3부

그의 첫 조문객이 되어

이른 아침
육교 아래
소리 참 맑고 깨끗했을
새 한 마리,
누워있다
살아 움직이는 바람만이
수고하고 착했던 털을 들추고 있을 뿐,

언제부터인가
자주 혼자 육교 위에
앉아있는 모습을 보았지만
아무도 그녀의 낙하를 본 적 없다
비밀스럽고 짧은 그의 추락 곁에
헤거운 바람만이
원상제元喪制가 되어 순서 없이 웅성일 뿐,

문상객 하나 찾지 않는다
나는
이제 다행하고 헤겁은
그의 첫 조문객이 되어

가신가신한 마음을
나란히 벗어 둔다

길었던 아침이 재빠르다

빈집

무뎌진 눈썹에도 베이는
연한 초록 바람 부는 날
그런 바람에도 흔들리던
순한 당신의 집 앞에 서서
지나가는 세월처럼 불러도
그대가 나와 반겼으면 하는데,

하늘은 멀고 푸르며 깊고
바다에 희고 차가운 갈매기 여럿
꽃피는 바람은 언제나처럼
빈집 낡은 돌담에 반겨 앉고
서까래 검은 지붕은 까닭 없이
오래된 걸음만 다시 잡는데,

너의 부음은 소문으로 날아서
나보다 먼저 빈집 담에 꽂혔구나

비 오는 날 서점 아가씨

　바람 불고 비 내리고, 거리에 사람은 드물고, 비 긋자고 들어선 서점
　손님이 아무도 없다, 그래서 다시 나갈 수도 없다.
　우산을 세우고 계산대 옆 시, 소설 신작 코너를 지나 여성잡지 7월호 154페이지 하얀 의자에 빨간 스타킹을 신은 모델 다리를 곱게 일으켜 세워 비, 오는 날 안경 쓴 서점 아가씨와 럼블피쉬의 '비와 당신'을 듣는데, 책인지 그녀인지 모를 페로몬 향기로 흐늘흐늘 노래는 귀 내리지 않고 어느 바닷가 잔돌 밟는 소리만 하얀 목처럼 가늘다.
　소설 신간 코너에서 안경을 벗은 그녀의 빨간 입술이 아찔하다. 나는 그녀를 재빨리 인문, 사회과학 코너로 몰아넣고 서점에는 없는 책을 주문한다. 없으면 다음에 또 오지요, 전에 산 것 같기도 한 시집을 한 권 골라 건네는데 비 오는 날 서점 아가씨는 나를 쳐다보지 않고 모니터 숭숭한 고객 명단만 클릭한다. 내 이름이 발견되지 않는다, 다행이다. 비 오는 날 세차장 옆 서점에는 발목이 조금 보이는 긴 치마를 입은 안경 쓴 아가씨 젖은 나비처럼 앉아 있다.

강구안

가만히 출렁이는 듯하여도
하루 수만 리를 간다는 바다
그 끝 따라 향하던 태양이 땅에서
이제 부서져 내리고
아득히 벗어나 있던 별빛들이 다시
모여드는 강구안
늦은 밤 늙은 시인의 배경에
달은 홀로 뜰 리가 없고
물빛 검은 항구에
그의 기다림은 벌써 끝났으리

맨땅을 후려친 손가락의 아픔을
몰래 감추어가며
하얗게 풀리던
밤하늘의 먼 별처럼
명정동 정당새미 여인의 치마폭으로
출렁이는 바다의 수만 리 이별 노래
모두의 술잔 속으로 빠져드는 밤바다

늙은 시인이

사랑한다는 것이 어려워
그리워하는 것도 힘들어
끝내는 술잔 속으로 홀로 끝났으리

아버지, 복사꽃이 피었습니다.

산 중턱 논 옆 개울가
복사꽃이 피었습니다.
여기 꽃그늘 한 자리 빼고는
모든 봄은 당신의 권력,
녹슨 괭이로 물꼬 틀 때
혼자서 맑은 돌 베고 잠들었던
산 꽃그늘에
단단했던 권력이 누웠습니다.
지난 홍수에 벗겨진 붉은 뿌리 드러내고
마음껏 늘어 핀
썩은 권위 연분홍 저 그늘이
오늘은 저렇게 환할 수가 없습니다.

아버지
꽃이
복사꽃이 피었습니다.
복숭아 꽃그늘을 빼고는
모든 자리가 당신의 감옥,
논 계단 사이사이 물길이 새로 나고
줄어드는 개울가 물소리 들으며

연한 풀처럼 순하게 낮잠 들던
복숭아 꽃그늘에
새파란 감시마저 시들었습니다.
살피지 않은 가지 휘어지고도
꽃을 내어
불안의 긴 세월 뒤 보는 그늘이
오늘은 저렇게 편안할 수가 없습니다.

그 사랑 참 쓸데없다

비 내리고
술잔으로 감싸 안은 구부러진 통증을
곰살궂게 달래보는 종점 소주방

도다리미역국
고등어구이 내며
오늘도 마른 얼굴에 그냥 웃는
종점 소주방 주인과 마주 앉아

당신 꽃 살림 차린 이야기와
복숭아꽃 그리움으로 채워서 비우고
그 사랑 참 쓸데없다,
다시 채워 들어보는 권주가

꽃 살림으로 태어났으면 꽃으로 키울 일이지
사는 게 낙이라고 가르치질 말 것이지
한때 꽃이었던 서럽도록 황홀한 기억만으로
무던히 사는 것이라며 웃으시는

당신은

그래, 꽃이었지
아무렴, 꽃이었지

외로우면 소리도 친구가 된다

친구를 떠나보내고 돌아오는
기척 없는
새벽

담 넘어 허기진 빈 골목을 돌아오는
늙은 개 짖는 소리
검고 찬 기척에 멈추었던 걸음 옮겨 놓으니
다시 돌아오는 담 너머 온기

이제 자신의 온기만으로 새벽을 나야 하는
네가 내 발걸음을 알고 소리하듯이
나도 내 발걸음으로 외면을 덮는다

주머니 속 동전도 차갑게 식은 시간
냉기를 달구는 장작불 타는 발걸음으로
골목길 가득 채워 다행을 전한다

외로우면 소리도 친구가 된다는 것을
그렇게 자신의 호흡으로 살아간다는 것을

어머니는 차멀미에 장에 못 가시고

장 보따리 받아 든 아이
개구리 울음소리 지친 신작로 앞서 걷고
뒤따르는 아버지
투그닥, 투그닥,
낡은 구두 소리 두렁에 부딪혀
한 걸음 뒤처져 나뒹구네
산 멀리
비스듬히 하얀 달이 턱을 괴어 웃고
기다리던 송아지 눈망울에
졸음이 깊어지네
풀벌레 소리
덩달아 깊어지네

어머니는 차멀미에 장에 못 가시고

가출

어제처럼
초인종이 울린다
지친 가방보다 핸드폰이 먼저 들어서고
철없는 척 요란스럽게 통화를 한다
아들의 방문이 열리고 방문이 닫힌다
그리고 아무 소식도 없다
그래서 누구도 말이 없다

어제처럼
밥상이 차려지고
밥알 고른 윤기가 초침 소리로 굳어간다
조금도 흐트러짐 없는 숟가락 오목해진 얼굴
소리 하나 내지 않는 밥상머리
가지런한 젓가락 끝에 놓인 합격통지서 웃는다
누구도 먼저 숟가락을 잡으려 하지 않는다

일상인 듯, 문이 열린다
모처럼 가벼운 가방이 먼저 나서고
말랐던 바람마저 따라서면
핸드폰을 벗어나 깨알같이 날아오는 너의 말

눈물이 밥이다
홀로 남겨진 너의 밥은 눈물이다

아내의 가출

 아내가 집을 나갔다. 그녀가 채워주고 간 보온밥통 뚜껑이 열리지 않은 지 138시간. 동안 아직도 그녀는 나가고 있는 중이다. 식탁에 올려 둔 장바구니에서, 냉장고 벽면에 붙은 공과금 영수증에서, 처음의 온기를 잃지 않는 밥통에서, 반짝반짝 윤나게 닦아 둔 빈 그릇과 그녀가 아끼던 냄비에서 천천히 빠져나가고 있다.

 아내가 집을 나갔다. 혼자 남은 뒤로 들어간 적이 없던 큰방 화장대 위에 마른 지문이 야위다. 싸구려 화장품 뚜껑에 쌓인 먼지 속으로 마른 향기가 알은체한다. 집 나가던 날 벗어 놓은 무릎 튀어나온 잠옷에서 멍든 피부가 빠져나가고 있다. 걸려 있는 옷가지에서 가난이 기뻐하며 새어 나간다.

 장롱 속문을 열다가 헐거워진 옷 사이에서 발견한 아내의 흰 생리대. 첫 아이를 낳은 이후로 한 번도 날지는 못했지만, 산부인과 의사가 내게 맡긴 그 아름답고 오랜 날개가 잠들어 있다. 늘 아내와 같이 날아가고 싶었던 부끄러운 몸 하나가 잠들어 있다. 차마 버릴 수 없었던,
 아내가 날개를 찾으러 다시 올까

짝사랑

우리 집
돌담을 기웃거리는
장미 한 송이
순이네 돌담 높이
달아오른 붉은 송이
담 너머 피고 있다
담 넘어 피고 있다

돌담 구멍 사이로
순이 얼굴이 복숭아꽃처럼
웃고 있다

아내가 세상을 사는 법

밀물
썰물
기다리며
모래집 짓고 서멀서멀 살았을 바지락

갯바위 너머
마실 나간 아이
밀물로
썰물로
어르고 달래
모래집 짓고 바리바리 살았을
바지락 한 됫박이 우리 집에 왔다.

숨겨둔 모래까지 토해버려 숨이 가빠
있는 대로 혀를 내밀어 바지락거리는데

먹을 수 있을까? 내 말에
또 시 쓰냐며 투덜대는 아내의
구멍 난 바지 속으로
갯바람이 노닌다.

이별은 모퉁이에서

서로의 뒷모습 보이지 않게
멀어지는 서로가 더 멀어지게
혹,
뒤돌아보아도 머뭇거림이 없게
텅 빈 직선만으로 허망하게
이별은
길 접힌 모퉁이에서

흔들리는 어깨가 들키지 않게
천천히 조금 더 가까이 있게
혹,
되돌아보아도 내 모습만 접어
접은 모습을 나만 볼 수 있게
이별은
길 접힌 모퉁이에서

낡은 사랑은 안부를
함부로 묻지 않을 것

휴대전화 없던 시절
우리의 만남이 그랬듯
시간표 없이
그는
내게로
무수히 다녀갔을 것이다

혀가 저당 잡힌
심야버스 창가
얇게 반사되는
당신의 모습을 잊어내며
이른 새벽하늘 철새처럼
서로는
무수히 돌아섰을 것이다

닫혔던 마음이 물안개로 걷히고
누군가 새로 다녀가는 이른 새벽 중에도
헐린 가슴속에서 솟아나는 당신의 키스들
내게만 떨어지는 낙엽이 그대였다가
내게만 불어오는 바람이 그대였으리

이제 돌아설 곳 없어
낡은 사랑은 안부를 함부로 묻지 않을 것

나이 든 여인처럼 가을은 가고

작은 도시 낡은
여관 간판처럼 가을은
바람에 잠깐 흔들렸으며
나이 든 여인은 거울 앞에 한참 동안 머뭇거렸다
손님 하나 없는 가게를 등지고
타는 햇빛이 소란스러운 가을 앞에서
여인은 말이 없고
붉게 물든 낙엽이 창가에 닿기도 했으나
그런 낙엽을 향해 돌아서지는 않았다
오래된 간판을 가진 여관 안에는
그래도 괜찮은 따뜻한 방 하나쯤
남아 있을 테지만 손님은 오지 않았다
아직 11월의 날은 충분히 남아서
가늘고 긴 노래 담쟁이 줄기에 걸쳐두고
흘러간 사람 하나 붉은 잎으로 쓸어 담아
나이 든 여인에게 다가서고 싶은데
붉은 잎은 배달 오토바이 꽁무니로 사라지고
그런 낙엽을 향해 돌아서지는 않고
아, 나이 든 여인처럼 가을은 흐르고
낡은 간판에 형광등이 켜졌던가 말았던가

여관방 벽지가 붉은색이던가 그랬던가
아, 나이 든 여인처럼 가을은 흐르고
따뜻한 빈방으로 손님은 오지 않고

궁금한 사람

잘 지내는 걸까 궁금한 사람 생기면
푸른 바람 나풀나풀 타는
풀꽃 향기 숲속을 거닐다

구름도 하늘도 온통 남南으로 누운 푸름
완강하던 때죽나무 산밤나무
물 먹은 미역처럼 산그늘에 편히 눕고
살찐 숲, 할 일 찾아든 햇볕 한 줌과
잔털 송송한 어린 꿀풀 종알종알
꽃 다듬는 소리에 더욱 궁금해진 사람

바람이 다시 불어 풀잎 서로 비비면
잠결인 듯 들려오는 물 흐르는 소리
작은 돌을 감싸고 되도는
그 소리 모두 남쪽으로 흐르고 나면
여기 잎으로 남은 그대 얼굴

모정 母情

서쪽으로 해 기운 숲속
떨어지는 마른 낙엽 하나 거미줄에
감긴다
헛사냥이다 실망하여 뱉은 실줄이
한 짐이다
한때 눈 뜬 매미도 걸려들던 달디단 어망
어둠은 시작되고 흔들림도 줄이는 거미
이번에는 바람이 거미줄을 팅기고 스쳐간다
밤은 그물처럼 조여오고
낮에 걸린 나비의 체액이 깡마르다
멧돼지들이 마을로 내려오는 시간,

아침까지
새끼들을 지킬 수 있을까?

이 밤을 보내고

25시 편의점 앞 지붕 닿은 벚나무
색 잃은 잎 하나 내 곁에 내려놓는다
차갑게 식은 플라스틱 의자에 엎드리어
가고 없는 사람의 온기를 빨고 있다
남은 온기를 다 써버린 내 푸른 의자도
젖은 달빛에 엎드린 잎처럼 불편하다
친절하게 자정은 오고 또 가겠지만
도저히 끝나는 시점이 보이지 않는
25시 편의점 불빛처럼
밤하늘 저 서늘한 끝에
끝내 닿지 못하는 내 그리움은
과연 얼마나 헛짓이었던가
새벽 배송기사가 몰고 온
어지럽고 멀미 나는 열기처럼
또 얼마나 아득한 발버둥이었을까
그 사람 떠난 길은 보이지 않고
혹여나 돌아설 시간도 이제는 지난
이 밤을 잎 하나로 견디고 나서
사랑이었음을,
출고되지 못한 새벽이

어둠에 출렁이고 나서
네가 떠나갔음을……

사랑은 저 혼자

어떤 적의도 없는
화끈한, 잘해주는, 쭉쭉빵빵, 야시다방 앞
종일 받아 흘렸던 가래침과 조롱 잘 삭아가는
오봉순이 빨간 온수통에 남은 희끗한 온기,
그런 열기와 친구처럼 마주 앉으면
순정은 스스로 배어들어 사랑은 저 혼자

담배 연기 지친 흰 달 저도 취해 비켜지고
암여우, 미소녀, 냄비가 끝내주는 노래방
지난밤 쓰린 속 고달픔을 받쳐 낸
그녀들의 빨간 술잔 속으로,
그런 술잔과 남편처럼 마주 앉으면
애정은 스스로 고이고 사랑은 저 혼자

아직은 가야 할 자리
사또야식, 짱구분식, 25시 해장국
뭐 이런 곳,
길짐승들에게 보시하며 낮게 포개어진 빈 그릇과
죽은 정자들 소리치며 흐르는 하수구 뒷골목에
해장국 심장처럼 뜨겁게 마주 앉으면

미리 와 있는 오늘을 끌어안고 사랑은 또 혼자

수화

두 입이 마주 보며 춤을 춘다
흰 나비 날갯짓 입가에 부풀고
서로의 얼굴 사방으로 곱게 앉히며
펼쳐 온 큰 몸짓 무대 가득하다
인류 태초의 언어가 수화였다는 사실을
지금도 아기는 수화로 옹알이한다는 사실을
그런 희고 태초의 언어를 잊은 지 오랜 사람들
무대 먼 곳에 서서
서성거린다

던지는 손짓, 올리는 발짓, 뒤트는 몸짓
오직 가슴으로만 풀어야 하는
그런 가슴에 밀착된 이야기
오롯이 희고 순한 몸짓으로만 읽는
사람들 모두의 감사한 춤
사람들 모두의 기도하는 춤
꽉 막힌 무대의 벽을 향해
하얀 씨앗 뿌리며
사라지는 깊고 깊은 이야기

두 입이 마주 보며 춤을 춘다
꺾인 팔과 접힌 다리, 숙인 고개가
하얀 고쟁이 속에서 모습을 내미는가 싶더니
막을 알리는 노랫소리 울리고
춤추던 입들의 미소 환하다
무대 먼 곳 서성이는 무리에서
태초의 언어를 기억하는 얼굴을 발견한 듯
눈으로 답하는 그렁그렁한 아이를 발견한 듯

잊힐까 두려운 고마운 사람

잊을까 싶어
잊어도 괜찮을까 싶어서
생각하지 않기로 했는데
굳이 잊히지를 않는 사람을 밀어내면서
조급하게 기다리지 않습니다.
다만 시간을 구매해서 소비할 뿐입니다.
지금은 그와 함께 길을 걷지 않습니다.
어디를 가든 연결되는 편리한 그늘이기 때문입니다.

잊을까 싶어
잊어도 괜찮을까 싶어서
생각하지 않기로 했는데
굳이 잊히지를 않는 사람을 그리워하면서
지금은 사랑하지 않습니다.
다만 인연을 저장하고 가끔 확인할 뿐입니다.
지금은 별을 바라보지 않습니다.
별하늘에 별의 이름이 생각나지 않는 까닭입니다.

그래도
다시

잊는다는 것은
다시
잊을 수 있다는 것은
때마다 피어 떨어지는 나무 꽃처럼
서로 그만하지 못하기 때문입니다.

유산

아버지 돌아가시고
빈 마당에 낡은 바지개
당신 머리에 쓸쓸한 햇빛이 내리도록
단벌로 껴입은 헐렁한 외투

이른 아침
눈 비벼 뜨고 방문을 밀치면
빈 마당에
바지개 가득 풀 푸른 향기
싸리나무 붉은 꽃
묵직한 살림 뽐내던 인정
가득하고 고된 보물

4부

풀꽃처럼 시가 왔네
  -밭에서 갑자기 생각났다며 덕재 형의 시를 문자로 받아들고-

덕재 형이 하얀 풀꽃을 보내왔다
동인지 실어라고
밭 갈다 생각났노라고
밭에서 갓 피어난 하얀 꽃을
흙도 털지 않고 보내왔다
애써 기다리지 않아도
때 되면 내게도 환하게 피었을
여린 풀꽃을 한 삽 폭 퍼서
봉투도 없이 전해왔다
잘 핀 들꽃 다칠까 염려하여
내게 오는 동안 시들까 걱정하여
흙 파던 삽으로 꽃보다 더 둥글게 써서
잎으로 다듬고 고운 흙으로 보듬어서
당신의 얼굴보다 더 순한 언어로
동인지에 실어라고
밭 갈다 생각났노라고
밭에서 시를 한 삽 보내왔다
잘 핀 들꽃 흙도 털지 않고

상처를 기억하는 방법

자주
상처 주위를 눌러 줄 것

자주
그 사람을 생각할 것

사거리 대낮 기생집

학생들이 자주 다니는
우리 동네 사거리에 기성복 밀어내고 기생집이 생겼는데
오늘은 버젓이 대낮부터 영업하는데
손님보다 구경꾼이 더 많은데
양손으로 햇빛을 가리고 안을 훔쳐보는데
미소가 유리창 칸칸마다 인형처럼 앉았는데
긴 생머리 하얀 목덜미 가늘게 떨고 있는데
손 흔들며 유리 밖 사람들을 유혹해 보는데
생뚱한 포주가 요란하게 등장하는데
아, 어린 눈망울은 둥글고 깊은데

구경꾼 따위 상관없는 손님, 가게 안으로 들어섰다!

진열장마다 매혹적인 향수가 품어져 나오는데
손님은 튼튼하고 예쁜 상대를 고르는데
흥정이 만족스러운 손님은 웃고 진열장 문이 열리는데
아, 예쁘고 어린 미소가 손님을 따라나서는데
흥은 사라지고 형편이 없었던 구경꾼들 돌아서는데
분양이 끝난 자리에 더 어린 새로운 혈통이 앉았는데

밤늦도록 불빛 환한 기생집 간판 글귀가 분홍인데
떠나서 빈자리 더 어린 눈동자 밤새 붉었을 텐데
떠나온 빈자리 더 서러운 밤이었을 텐데

불면증

골목을 지나는 한 떼의 바람 소리에
잠든 창 깨어나고
자세 고치고 누운 낙엽이 다시 잠들기까지
댕강댕강 시간 부서지는 소리
어둠이 갉아먹기 시작한 발자국
가로등 아래에서 잠시 꾸물거리면
야금야금 불빛 허물어지는 소리
새벽이 닿기도 전 축축해져 시린
추운 밤
찹쌀떡 장수의 마수처럼 뻣뻣하다

자정을 넘긴 등 날 선 내일이 긴장하고
수면제로 읽었던 단어들이 피곤한 내장 속에
절룩절룩 맴돌기만 하는 불편한 불면
떨어지는 잎에도 이제는 놀라지 않을
늙은 길고양이 배 위에 올려놓고
그렁그렁 따뜻한 편안을 끌어안아
어서 잠들고 싶은 밤

다시 소리 없어 창을 닫으면
배부름 뒤에 언제나 찾아드는 허망한 기아처럼
또 서운한 불면이여,
허름했던 오늘이 또 이렇게 내일이 되고
내일은 또 어떻게 편안 없는 오늘이 되었을까
찹쌀떡 장수의 목소리는 이미 멀어져 갔건만

꽃 피었다고 축제를 하다니요
-슬픔도 선물이다 1-

땅 일구던 삽으로
가벼운 너를 묻었다.
어린 너를 묻으려 힘까지 쓰며
순하고 연한 새싹들 키우던 삽으로
잔뿌리 자르고 돌 캐내어 마련한 방
너를 가만히 눕히고
자주 입던 셔츠를 벗어 깔고
장난감 하나씩을 나눠 손에 잡히는데
눈물은 내 눈에서만 흐르고
알 길 없는 네 눈은 고요할 때
보드란 목숨 앞에 무릎을 꿇었다.

큰 바위 아래 너를 두고 내려서는데
함께 보았던 나무에서 꽃이 피어나고
그 꽃에서 향기가 넘치는 오늘
너 떠나는 날 꽃 피었다고
사람들은 모여서 축제를 한다.
꽃잎 물방울로 구르는 어디에서나
너의 발자국은 꽃 따라 날뛰는데

어린 너의 눈물은 내 눈에서만 흐르고
너도, 사람들도 꽃 축제로 섞이어 웃는다.

참, 다 행 이 다……

슬픔도 선물이라
-슬픔도 선물이다 2-

참 인정 없이
무슨 꽃이 저리 피어 쌓는지

그러나
가끔
바람 불면,
피기도 전에
더러 떨어지는 꽃망울 섧기도 하여
떠난 인연 바위로 가슴에 묻는 이여
함께할 수 없어 빳빳해진 마음은
남겨진 사람들이 더 오래 가지는 게 좋겠다
먼저 떠나게 되어 더 아픈 사람들은
그 걸음마저 힘들 것이리

너 없이도 피는 꽃을 보는 것은
혼자서도 떨어지는 꽃을 쓰는 것은
보이다 보이지 않는
먼저 가는 것들이 주는 아픔이니
그것마저도 당신의 선물이라

꽃 피는 데
무슨 인정까지 바랄까 싶어

치킨 쿠폰

—슬픔도 선물이다 3—

살아서는 바쁘다며
치킨 몇 마리 사 준 기억밖에 없네
그걸 받고도 고맙다며
입술, 볼, 이마에 고운 입술을 찍었는데
그 자리 거친 수염만 자라나네

술 취해 들어오면 얼굴 붉히며 피했다가
다음 날 다시 가슴에 와락 안기는
너의 팔을 걷어치우고 나 살기 바빴네
겨우 치킨 몇 마리 선물하려고

큰 바위 아래
그동안 모은 공짜 쿠폰 함께 묻었네
너는 쿠폰 팔아 치킨 들고 웃겠네
너 가는 날
네 나이만큼 하얀 국화를 선물했네
너는 그 꽃 받으며 환하게 웃었겠네
그 꽃, 물 없이도 오래오래 피었겠네
하얗게 하얗게 끝없이 자라겠네

조롱
-슬픔도 선물이다 4-

잡풀을 걷어내고 마른자리에
풀썩 앉아 자장가를 불렀네
두부와 막걸리를 마시다가
네 생각 나서 울었더니
등 푸른 작은 새 돌무덤에 앉아서
어른이 운다며 마음껏 조롱하네

뛰노는 아이 앞에서 울지를 마라
떠난 사랑에도 예의가 필요한 법이다
고운 햇살 껴입은 산벚꽃도 날 가르치네
다시 피는 환한 꽃이라 웃으라 하네
다시 피는 푸른 잎이라 견디라 하네
마음껏 조롱받아 다시 철들겠네

그리움은 감기처럼 낫는 것이 아니라서
-아픔도 선물이다 5-

'엄마가 섬 그늘에 굴 따러 가면'을
'아빠가 섬 그늘에 굴 따러 가면'으로
고쳐 부르며 몇 번이고 다시 부르며
해거름 길을 내려오는데
사흘간 내처 내렸던 비에
평평하던 길바닥이 뱀처럼 길게 움푹 파였네

사람에게 저처럼 눈물이 내처 흐르면
얼굴일까, 가슴일까 어느 쪽이 눈물만큼
깊숙한 골을 내고 헤진 마음을 드리울까

딱 한 번만 돌아봐야지 했는데
기다림은 셀 수 있는 것이 아니라서
그립다는 것이
가슴에 돌처럼 박힌 그리움이
감기처럼 낫는 것이 아니라서
돌아온 길이 바다처럼 멀어지네
돌아온 길이 꽃잎처럼 떨어지네

태우는 일

이런, 저런 걷이가 끝나고
생솔가지 타는 사랑방
실농失農이야
실농失農이야
아버지 굽은 등 맵고 서러웠으리
마른 고춧대 타는 부엌
하얀 쌀밥에 매운 냄새가
베인 듯도 하여
애먼 부지깽이 검고 짧았으리
마른 쑥 들깻대 타는
저녁 마당
살림 모르는 아이들
웃음소리만 달아,
군밤처럼 아주 달았으리
이런, 저런 걷이가 끝나고
이런 일, 저런 일들
다 태우고 나서야
사람들은 잠, 들었으리
어서 겨우 잠들었으리

굴뚝이 살았네

소주 끓이던 오래된 아궁이가
입을 벌리고 죽었다는
소문이 나돌았다.
그 아궁이와 너나들이하던 남자는
그럴 리 없다며
다음 날 아궁이를 찾았는데
정말 입만 벌리고 살은 기색이 없었다.
장작불을 지피고 싶었다.
구들방이 아직 살아 있다면
타닥타닥 나무 타는 소리에 잠을 깰 것이다.
살아 있다면 뒤안 낮은 굴뚝으로
연기가 새어 나올 것이다.
무사한 구들장을 통과해 굴뚝으로 연기가 나온다면
오늘 밤은 여기서 지내도 되겠다는 생각이 들었다.
(아궁이가 열기를 힘껏 빨아들여
빈집에 연기가 솟아오른다면
오늘 밤은 여기서 지내야지
굴뚝과 갈라진 틈 여기저기서
가벼운 연기가 새어 나온다면

오늘 밤은 여기서 지내야지)

깨어난 아침,
아파트 높은 굴뚝마다 생솔 연기가 솟아오르고 있었다.

거제도 포로수용소

어느 병사의
여리고 오랜 염원이
계룡산 높은 골짜기 샘터가
산죽山竹 되어
사비락, 사비락
속도 없이 오래도록 늙었는가
곧고 순한 사람 무엇으로
철쭉꽃 열정에 붉은 창 꽂았는가!
옛 절터
높이 선 바위의 아득한 인내 끝에
서로 다른 이념과
서로 같은 소원이
총성과 함성으로 섞이어
폭동은 바위의 선명한 혈관이 되었네
섬은 바위에 부러진 비명을 묻고
산은 바위를 포로처럼 품어왔네
아직 흐린 날, 누구던가
역사의 대열을 벗어나
566고지 계룡산 정상까지

미군통신대 돌벽 기둥 쌓으며
푸른 산죽 베어 핏빛 함성 찌르며
우렁차게 오르던 그대들은

흔들리는 것이 부끄러움은 아니기에

흔들려야 오래 버틴다고 하든가
달빛도 차가워 나무 등에 엉겨 붙고
뼈마디로 내려앉은 나뭇가지 그림자
콘크리트 바닥에서 스산히 흔들린다

나도 저렇게 흔들리고 싶은 날
달빛이 품어내는 젊은 어머니를 안고
당신의 앞가슴 틈 없이 매달리고 싶은 날
나도 빈 가지처럼 흔들려도 보는 것은
이 밤 흔들린다고 부끄럼이 아니기에

오랫동안 흔들리며 버텼을 당신도
가끔은 끊어버리고 싶은 가지들이 있었음을
오늘처럼 달빛을 빌려 땅에서도 흔들려
옹이 깊숙이 박힌 설움 밤마다 퍼내고 있었음을

남자에게 발각된 흔들림은 바람이 달을 건드렸기 때문이지
흔들리는 것이 부끄러움은 아니기에

그 누구도 달빛 아래 흔들리는 모든 것들을
함부로 밟지 못하게 할 요량으로
어서 달이 잠들기를
잠이 들어 멈추기를

광장의 말

바스락
떨어진 낙엽을 밟고
서울 사는 글쟁이 형과
소주방에서 엉망으로 소주를 마시는데
제값 받는 안주 나오기 전
소주나 더 마시라고 내는 멸치
순약하여 무리 지어 살 수밖에 없었을
술수를 알지 못해 무모하게 바친 목숨
숨 멎기 전 뜨거운 솥에 급히 쪄지고
황급히 한쪽으로 누운 고운 빛깔
갯바람 곧게 물든 멸치가
숯불에 구워진다

제값 받는 안주 나오기 전
소주나 더 마시라고 내는 멸치
굳이 매운 고추장에 찍어
목으로 넘기는데 은비늘 한 조각
형의 입안에서 반짝거리며 말을 한다

마르지 않은 너의 기억을 내놓아라
얼마나 더 뜨거워야 푸르고 젖은 기억을 내어놓나
때를 잊어버린 생명의 계절아
볼모로 사라진 진실들아
네 모든 기억을 내놓아라
저처럼 바스락거리기 전에

저무는 갈대

들판에 저무는 갈대
참 가지런하게 희다
부는 바람
반대편으로 가지런히 부풀고
더욱 부지런히 저물어
진흙 속으로
허연 발가락을 깊숙이 뻗고 있다
뻗는 서로의 발가락이
필사적이어서
숨찬 발가락이 안심하도록
진흙은 닫혔던 속을 벌려준다
바람이 차고 강할수록
발가락은 사이사이 깊어지고
갈대는
제 몸이 바람보다 가벼워졌을 때
여문 씨앗을 하얗게 날려 보내고
바람을 피해 모인 작은 발가락들
서로서로 연탄불 같은 겨울잠이 된다

공시지가

균등하게 나누어진 콘크리트 벽
옥수수 씨앗 하나 심을 수 없고
공시지가 크게 오른 적 없는
빌라 모퉁이 삼각진 땅, 공유면적
그 딱딱한 바닥
어쩌다 균열 속으로 숨어든
민들레 손바닥 햇살 긁어 틈 채우고 있다
왕고들빼기 흙을 끌어 담고 있다
씀바귀 꽃눈 이슬을 쓸고 있다

오호, 공시지가 오르겠다

사랑의 거리

사랑은 딱 이만큼이 좋겠다
그대를 생각하면 울컥해서 그립다가도
집 오르는 계단 높이에 힘들어 잊었다가
문 열고 거실 등을 켜는 순간
달아나는 어둠이 내놓는 자리만큼
조금씩 넓어지는 혼자인 공간 속에
조금씩 내 둘레를 감싸는 그대의 향기
조금씩 내 입가에 머무는 그대의 미소
혼자 차린 밥상에 묵은지처럼 앉아있는
그대의 향기와 웃음으로 저녁을 먹어도 좋은
사랑은 딱 이만큼의 두근거림이었으면 한다.

옷가지를 정리하고 창 닫은 방에서
종일 비어있던 침대에 몸을 기대면
거칠었던 하루가 발목에서 통증으로 쉬고
가벼이 외로워할 이유라고는 그대뿐이어서
생각만으로도 너무 쉽게 자정을 넘어서고
천천히 잠드는 순간까지
천천히 내가 그대에게 잠드는 순간까지

외로움이 거친 하루를 두툼히 감싸주고
발목 통증이 외로움에 가벼이 안기는
사랑이 딱 자정만큼의 포옹이었으면 한다.

고독사 孤獨死

밥, 한 끼는 빚이다
가난할수록 창자는 아무 데서나 깨어나고
가난할수록 그의 우편함에는 날렵하고 친절하며
붉으며 날 선 독촉장이 쌓여갔다
차고 흰 밥, 한 끼를 빌어 누운
빚이 펄펄 끓는 비 내리는 밤
설 잠 밖으로 불쑥불쑥 살아나기도 하던 욕정은
잠시 뜨거웠다 지치는 부끄러움이었다

반쯤 열렸던 문이 안으로 잠기고
문을 열 수 없는 변명은 독촉장처럼
쌓여갔다
얕은 바람 소리에 벽은 예리한 각을 세웠고
창틈에서 수천의 단어들이 개미처럼 기어올랐다
분열된 진공 속에 그는 자주 질식했으며
그러면 시간은 아무 때나 그를 외면하거나 거절해 주었다

오늘도 우편 반송함에는 밥, 한 끼의 빚이 지쳐 꽂혔고
다행히 문은 열리지 않았다

깊은 밤이 되면 채권자는 모두 사라지고
맴돌던 수천의 우주가 어깨 위에 꽃처럼 내려앉는데
반송함에는 날 세우던 기억들이 빛을 잃어가고
묵묵히 견뎌오던 무딘 언어들이 독촉장을 갉아 먹고 있었다
이후로도 문은 끄떡하지 않았다.

나는 양식이다

담부랑 겹겹이 쌓인 뭉툭한 햇빛을
굵게 고랑 진 이마 주름에 걸어두고
그늘로 당겨 앉는 노점상 할머니
할머니 눈빛을 멀리하고
직접 키운 자연산일까
농약 없이 자랐을까
천 원짜리 한두 장을 꼬깃거리며
계산하는 순간,
난 이미 양식으로 자란 허섭스레기이다

저 생명은 사람을 계산하며 자라지 않았을 터

무허가

버스 정류장 25시 편의점 앞
함양댁 식당이 헐리고 있다
함양댁 허리둘레 같은
무허가 기둥이 헐린다

김씨가 내일 새벽 공사판 일만 있었더라면
박씨가 한 병 더 마시자는 김씨의
부탁을 들어주었더라면,
길 잃은 고양이가
김씨에게 늦은 저녁을 구걸하지 않았더라면,
소주병을 비울 때마다 높아지는
두 사람의 목소리를 좁다란 평상이
평평하게 잡아주었더라면,
함양집이 무너지는 일은 없었을 것이라고

더러 사람의 품과 품에도
함부로 낯선 정이 드는 법인데
이까짓 무허가가 무슨 대죄냐고
땅을 두드리며 함양댁이 말했다

발신자번호표시제한

발신자 표시 없이 한밤에 전화 울린다
사흘째 가랑비는 가을을 훔치는데
누구의 장난인가 싶어 받으면 말이 없다

표시되면 안 될 지난 인연 있겠다 싶어
요동치는 뒤편으로 검색되는 불륜의 이름
흐린 창 얕은 숨소리 쓸어 담는 야릇한 밤

인연의 표시 따라 기억을 더듬다가
뒤늦게 살펴보는 아내의 고단한 잠
한밤 쿵쾅거리는 가슴을 진정하지 못한 죄
냉수를 마신다

오후 3시

엷은 바람 곱게 빗질해대는 일곱물쯤
쏙 캐는 아낙의 그림자
바람 닿자 잠 깨어 잠시 흔들려도 보는 나잠배
멀리서 물드는데 빈 조개만 뒤집는 계집아이

뼈만 드러낸 어깨가 서러운 저기,
뱃머리 낮술 취해 잠든 저기, 여자들의 사내
파도에 허리 부러진 돌미역 한 다발에 꾸물거리는
오후 3시

삼겹살

푸른 잎 생기 있는 푸른 빗방울 듣는 저녁
고무처럼 탱탱했던 붉은 생애를 토막으로 눕혀놓고
빈 들에 싸락눈처럼 흰 소금 흩뿌리고
비처럼 내리는 한꺼번의 욕망과 욕구를

힘들이지 않고 뒤집는다는 것은
푸르고 붉은 생애를 마저 잊어주겠다는 결단

얼마나 기다려야 짧은 생애마저 타닥거리는가!
뒤집혀 속 파고드는 순열한 흰 소금 하나
붉은 심장으로 지글지글 으깨지는 소리
살아온 골목마다 가난한 안부들이 요란한데
때 되지 않아도 뒤집어 본다는 것은
희고 순열한 눈망울을 잊어보겠다는 의지

배반을 그리워하다 해체되어진 육체의 피로를
샛노랗게 태워 스스로 잊어도 보는 것은
아무것에나 뒤집힐 수 있는 가벼움이거나
비 내리면 누구에게나 생기는 연민이거나

소금처럼 뿌려지는 하얀 꽃잎이기도 했으니
이제 다 타고 마른 푸르고 붉은 생애를
각자의 몸 구석에 쟁여놓은 것이다

생선가게 풍경도

'수입 괴기 안 팝니다'

두툼하게 살 오른 파리
마른 도마 위 번뜩이는 싱싱한 칼날
바다 눈동자 휑하니 손바닥이 말랐다.

원소기호 하나 모르는 할아버지가 물려 준
통영 바다 아는 사람은 다 아는 생선가게
입대 전 엑스레이 찍은 죄밖에 없는
생선가게 사장 최만덕 씨

'수입 괴기 안 팝니다'

조그만 참고 기다리면
고등어, 명태 대구 장어
싱싱한 비린내 맡을 텐데
십 년 단골 봉순이 아지매 괜시리 웃음,
팔고 지나간다

'수입 괴기 안 팝니다'

비늘 똥구멍 핥아 먹는 도마
도마의 내장을 파헤치는 똥파리
물의 바닥을 긁어대는 고양이에게
월세나 내어야겠다 생각하는데
그놈도 웃으며 지나간다

거미

아침에 화장실에서 얼굴을 씻는데
거미 한 마리가 욕실 바닥을 기어간다
몸은 큰 모기 정도로 작은데
제 몸의 4배나 되는 가는 다리를 거닐고
비누통과 벽 사이에 집을 짓고 있다
지난밤 어디에서 피난을 와서
자리를 잡는 모양인데

어쩌나
먹을 것 없는 사람 사는 집에서 무슨 소용일까
파리 한 마리 걸려들지 않을 텐데
TV에서 새어 나오는 단맛의 웃음소리나 걸려들 테지
공과금 영수증을 바라보는 아내의 짜증이나 말려들 테지
술 취해 늦은 밤 내 발걸음에 거미줄 흔들려나 보겠지
벌컥벌컥 마시는 물소리에 마른 속이 타겠지

어쩌나
가는 다리를 조심스럽게 양손에 거두어
베란다 창문을 열어 내려주니

1층부터 키자란 단풍나무 잎 위에
긴 다리로 자세를 잡는데
낯설어서인지
서운한 것인지
한동안 움직임이 없다

어쩌나
나뭇가지 사이와 넓은 하늘 사이로
끊임없이 울어대는 작은 새들

완벽한 패배

아이가 구름을 보고 있다
나도 구름을 보고 있다
나는 바람이 구름을 쓸고 있다고 했다
아이는 염소가 붕어빵을 먹고 있다고 했다

다시는
구름을 읽지 않겠다

| 시평 |

삶의 근원과 심층을 노래하는 원형적 서정, 김계수의 시세계

유성호(문학평론가, 한양대학교 국문과 교수)

1. 기억과 그리움의 진정성

김계수의 시는 상황적 특수성보다는 삶의 원형적 보편성을 일관되게 탐구하는 세계를 보여준다. 존재의 근원과 사물의 존재 방식 탐구로 집약되는 그의 시세계는 기억과 그리움을 견고하게 묶음으로써 더 심원하고 보편적인 형상을 얻어간다. 자신의 경험적 구체를 낱낱이 기억하면서도 이제는 그러한 시간을 되돌릴 수 없다는 그리움을 노래하는 시인으로 그는 우리에게 다가온다. 지난 시간을 일일이 호명하면서 기억과 그리움의 힘을 통해 존재의 근원을 상상적으로 탈환하려는 의지를 보여주는 것이다. 그래서 우리가 그의 시를 읽는 것은, 그러한 기억과 그리움의 진정성을 경험하는 일일 뿐만 아니라 시인과 함께 인간의 근원적 존재방식을 탐구해 가는 작업이 된다. 이제 우리는 그의 진정성과 언어적 의장(意匠)을 따라 여러 차원의 독법(讀法)을 수행해 갈 수 있을 것이다.

그렇게 김계수의 시는 오랫동안 힘겹고도 아름다운 실존을 구성해 온 스스로의 삶에 대한 격정의 노래로 다가온다. 그 안에는 외롭고 쓸쓸한 삶에 대한 응시와 성찰이 함께 녹아 있다. 몸 속 깊이 새겨져 있을 상처의 흔적들이 나타나지만, 그 이면에는 그것을 수습하고 치유해가려는 시인의 의지가 역동적으로 관통하고 있다. 아닌 게 아니라 시인은 지난 시간 속에서 자신이 겪은 상황들을 견디면서 자신의 몸에 깃들인 시간의 깊이를 형상화해간다. 이때 '시간'은 누구에게나 균등하게 주어진 물리적 실체가 아니라 절절한 실감을 가진 내면에서 흐름으로만 존재하는 심리적 대상으로 살아온다. 그리고 시인 자신의 실현을 끊임없이 유예하면서 오직 부재로서의 현존을 구성하는 미학적 흔적으로 줄곧 나타난다. 김계수 시인은 자신이 처한 이러한 조건들에 반응하면서 새로운 존재의 현현을 열망해간다. 이제 그 삶의 근원과 심층을 노래하는 김계수 시인의 원형적 서정 안으로 천천히 들어가 보도록 하자.

2. 뭇 사물에서 발견하는 경이로운 삶의 이법

김계수의 시를 전체적으로 개괄할 때 가장 먼저 인상적으로 다가오는 것은, 앞에서도 강조하였듯이, 그가 낱낱의 독립 상황보다는 원형 심상에 현저하게 기울어지고 있다는 점일 것이다. 그만큼 김계수의 시는 일상의 세목보다는 어떤 상상적 질서를 세워가는 데 골몰한다. 물론 이는 근원 지향의 사유가 반복되면서 강화된 시인의 속성이라고 해야 할 것이다. 그만큼 그의 시는 사물 속에서 시간의 깊이를 읽어내고 우리 존재의 근원을 상상한 결실로서 다가온다. 우리는 신산한 세월을 지나온 이의 견결한 시정신을 통해 삶의 증언과 그에 따르는 시적 사유와 형상을 읽게 되는 것이다. 원형 심상을 통해 새로운 질서를 상상해가는 김계수 시인의 품에 다가가 보자.

볕 드는 창 너머 노랑멧새 앉았다 잠시,
시린 허공 수없이 가르고 사라진다 다시,
개울가로 날아들어 푸른 댓잎에
고드름 툭 차니
그제야 봄은 산꼭대기로 내달음치기 시작한다

늦잠 자던 후박나무 졸음 털고 깨어난다

— 「봄」 전문

이 짧은 시편은 김계수 시학의 근저(根底)를 선연하게 암시해준다. 가령 "볕 드는 창 너머"에 앉았다가 날아가 시린 허공으로 사라지는 '노랑멧새'는 봄을 맞이하는 시인의 내면과 어느새 등가를 이루게 되는데, 이는 시인의 응시가 자기 발견으로 이어진 경우라고 할 수 있을 것이다. '노랑멧새'는 다시 개울가로 날아들어 "푸른 댓잎에/고드름"을 차고 비로소 봄을 산 꼭대기로 이끌어간다. 동시에 '후박나무'도 깨어나는 순간의 심상들이 이어지면서 김계수 시인이 지향해 마지않는 근원적 질서의 현현이 완성된다. 이러한 '볕-멧새-댓잎-후박나무'의 상응(相應) 과정을 통해 시인은 스스로의 추구해마지 않았던 원형 심상을 구성하고 자신의 내면에 그것을 회복해간다. 이 모든 것이 "무엇 하나 파괴하지 않는 원래의 질서"(「빗방울」)였던 것이다. 다음은 어떠한가.

> 밭둑 드나드는 자리
> 키 넘어 자라 달아오른 산딸기나무
> 오가는 나를 염려하여 길 쪽으로 뻗은
> 가지 서넛 잘라내었다
> 붉어지기 전 살 올라 두툼한 노랑,
>
> 다음 날
> 다시 밭을 오르니
> 잎과 가지는 쪼그라져 말라가고
> 내 염려를 벗어났던 노란 열매가
> 잘렸던 가지에서 익어가고 있다, 빨갛게
>
> 그 잘린 가지와 잎에서 밤새 끌어 모았을 수고로
> 기어코 붉게 영그는
> 나에게는 그저 웃자란 가시였을 저것이

가만히 붉게 살아가고 있다

그 마른 가지 옆으로 다시 길을 내었다

— 「길을 내다」 전문

원래 '길'이란 삶을 은유하는 대표적 원형 심상이다. '길'을 낸다는 것 역시 삶의 지남(指南)을 새롭게 설계하는 것이며, 다른 생명들과 동행하는 자신을 발견하는 과정이기도 할 것이다. 시인은 밭둑 드나드는 외진 자리에서 "달아오른 산딸기나무"와 교감하면서 겪은 일들을 토로해간다. 잘린 가지에서 붉게 영글어가는 생명들을 바라보면서 "그 마른 가지 옆으로 다시 길을" 내는 성숙한 시선을 갖추어간다. 이러한 과정이야말로 "삐딱하게 기울어진 나를 돌보는 일과/먼저 낡아빠진 신발을 고치는 일은/고통이면서 새로운 희열"(「시인의 말」)임을 알아가는 시인의 마음을 그대로 보여주는 은유적 형상일 것이다. 이러한 형상은 만만찮게 아프지만 여전히 섬세한 생명력으로 공존하는 모든 존재자들을 낱낱이 품어 안아들이는 미학적 창(窓)이 되어주고 있다.

이렇듯 김계수의 시는 날카로운 것들과는 결별한 채 부드럽고 아늑한 감각으로 자신만의 소우주를 구성해간다. 그의 시에 격렬한 파열음이나 장광설 혹은 요설이나 해체 지향의 언어는 거의 나타나지 않는다. 그러나 일견 부드럽고 일견 미세한 그러한 감각은 한 편 한 편의 작품 속에서 특유의 미학적 개별성을 얻는다. 그래서 그의 시는 포괄적인 담론적 실재에 귀

속하지 않고 낱낱 고유성으로만 존재한다. 그리고 시인은 생성의 활력과 함께 소멸의 질서까지 소중한 삶의 이법(理法)으로 노래해가면서, 삶의 여명을 그려내는 것도 중요하지만 황혼을 그리는 데도 서정시의 몫이 여전히 있음을 역설해간다. 그것이 뭇 사물에서 발견하는 경이로운 삶의 이법으로 다가오고 있는 것이다.

3. 모든 존재자들에게서 비롯하는 사랑의 삽화

나아가 김계수 시인은 자신만의 인생론을 시의 저류(底流)에서 아름답게 노래하고 있다. 비록 비애의 감각을 형상화하는 데 많은 시간을 투자하고는 있지만, 시인은 소박한 감상주의와는 철저하게 구별하는 엄정한 균형을 유지하고 있다. 슬픔의 미학을 원근법적으로 투사(投射)하고 있지만, 비극적 위엄이나 한(恨)의 미학에 닿는 방법이 아니라 슬픔 자체를 심미화함으로써 그것을 인간의 보편적 존재 원리로 파악하는 방법을 취해간다. 그러한 방법을 통해 김계수 시인은 사물에서 발견하는 경이로운 삶의 이법을 지속적으로 형상화해가는 것이다.

추운 겨울밤
하얀 눈이
파랗게 질린 어린 소나무를
소복소복하게 안아서
겨울 한가운데를 지나왔다.

차가운 것이
차가운 것을 안아서
겨울 한가운데를 무사히 건너왔다.

참 고마운 일이다

— 「산다는 것」 전문

이 아름다운 인생론은 김계수 시학의 진면목을 다시 한번 환하게 보여준다. 시인의 감각에 어린 소나무가 추운 겨울밤을 지낼 수 있었던 것은, 하얀 눈이 소복하게 소나무를 안아 겨울 한가운데를 지나게끔 해주었기 때문이다. 차가운 것이 차가운 것을 안아 겨울 한가운데를 무사히 건너온 일은 그야말로 '산다는 것'의 고마움을 느끼게 하기에 충분하지 않은가. 비록 "산다는 것은/한 나무의 잎으로 푸르다가/조금씩 부서져 사라지는 일"(「한 잎으로 부서져 가는 일」)이겠지만, 시인으로서는 그 부서짐 뒤로 여지없이 새롭게 움터가는 생성의 원리를 새삼 보여주는 것이다. 융융한 시인의 마음결이 만져지는 듯하다. 이처럼 김계수 시인은 "생명은 사람을 계산하며 자라지"(「나는 양식이다」) 않은 채 인간의 삶을 지탱하고 이끌어가는 원리임을 선언한다. 그리고 그러한 원리는 사라져가는 이들에게도 전이되어 보편적 존재론으로 탈바꿈하기도 한다.

이른 아침
육교 아래

소리 참 맑고 깨끗했을

새 한 마리,

누워있다

살아 움직이는 바람만이

수고하고 착했던 털을 들추고 있을 뿐,

언제부터인가

자주 혼자 육교 위에

앉아있는 모습을 보았지만

아무도 그녀의 낙하를 본 적 없다

비밀스럽고 짧은 그의 추락 곁에

헤거운 바람만이

원상제元喪制가 되어 순서 없이 웅성일 뿐,

문상객 하나 찾지 않는다

나는

이제 다행하고 헤겁은

그의 첫 조문객이 되어

가신가신한 마음을

나란히 벗어 둔다

길었던 아침이 재빠르다

―「그의 첫 조문객이 되어」 전문

이른 아침 시인이 발견한 것은 육교 아래 누워 있는 '새 한 마리'다. "살아 움직이는 바람"과는 달리 "소리 참 맑고 깨끗했을/ 새 한 마리"는 "수고하고 착했던 털"과 함께 "비밀스럽고 짧은" 추락을 맞은 것이다. 그리고 "바람만이/원상제가 되어" 그 순간을 지키고 있을 뿐이다. 시인은 문상객 하나 없는 육교 아래서 첫 조문객이 되어 "가신가신한 마음"을 나란히 벗어 두면서 새와 동류감을 느끼고 있다. 충분히 길었을 그 아침이 빠르게 지나가는 순간이 아닐 수 없다. 그렇게 우리의 삶이란 "허름했던 오늘이 또 이렇게 내일이 되고"(「불면증」) 흘러가는 것이겠지만, '조문(弔問)'이라는 상징적 행위를 통해 삶의 한시성과 아름다움을 동시에 노래하는 시인의 품은 참으로 넓고 깊다.

이처럼 김계수 시인은 뚜렷하고도 일관된 사랑과 연민의 정서 아래 매우 집중적이고 구심적인 마음의 흐름을 보여준다. 그는 삶의 불모성에 대한 항체를 끊임없이 생성함으로써 자신만의 고전적이고 섬세한 사유와 감각을 담아간다. 지나온 시간에 대해 커다란 열정을 쏟고 있는 세계에 최선을 다하면서도 시간의 한계에 놓인 생명에 대한 애착을 적극적으로 표상한다. 그 점에서 김계수의 시는 시간예술로서의 서정시의 속성을 충실하게 예증하면서 시간 자체에 대한 반응을 첨예하게 보여주는 실례로 남을 것이다. 시인이 모든 존재자들에게서 비롯하는 사랑의 삽화를 섬세하게 발견할 수 있는 것도 어쩌면 퍽 자연스러운 일이라 할 것이다.

4. 존재론적 기원(起源)을 향한 지극한 마음

김계수 시인은 스스로 이어온 경험에 대한 고백과 토로를 핵심 방법으로 삼고 있다. 그 스스럼없는 고백과 토로를 통해 자신이 살아온 삶을 되돌아보고, 우리가 일상 속에서 망각하고 살아가는 의미나 가치에 대한 새삼스런 발견의 순간을 보여준다. 서정시의 존재 방식이 내면에 가라앉은 것들을 새롭게 환기하는 힘과 연결된다는 점에서 이러한 김계수 시의 특성은 우리 문학사의 빼어난 고갱이가 되고도 남을 것이다. 그 일관된 적공(積功)이 그의 삶을 가능케 했던 어떤 존재론적 기원(起源)을 향하고 있는 다음 시편을 읽어보자.

산 중턱 논 옆 개울가
복사꽃이 피었습니다.
여기 꽃그늘 한 자리 빼고는
모든 봄은 당신의 권력,
녹슨 괭이로 물꼬 틀 때
혼자서 맑은 돌 베고 잠들었던
산 꽃그늘에
단단했던 권력이 누웠습니다.
지난 홍수에 벗겨진 붉은 뿌리 드러내고
마음껏 늘어 핀
썩은 권위 연분홍 저 그늘이
오늘은 저렇게 환할 수가 없습니다.

아버지
꽃이
복사꽃이 피었습니다.
복숭아 꽃그늘을 빼고는
모든 자리가 당신의 감옥,
논 계단 사이사이 물길이 새로 나고
줄어드는 개울가 물소리 들으며
연한 풀처럼 순하게 낮잠 들던
복숭아 꽃그늘에
새파란 감시마저 시들었습니다.
살피지 않은 가지 휘어지고도
꽃을 내어
불안의 긴 세월 뒤 보는 그늘이
오늘은 저렇게 편안할 수가 없습니다.

— 「아버지, 복사꽃이 피었습니다」 전문

'아버지'를 주인공으로 삼은 이 시편은 '복사꽃'을 은유적 상관물로 삼아 시인 자신의 그리움을 노래한 결실이다. 산중턱에는 아버지의 "단단했던 권력"처럼 복사꽃이 피었다. 꽃그늘 한 자리 빼고는 모든 봄을 당신의 권력 안으로 쟁여들인 '아버지'는 산 꽃그늘에 누워서서 연분홍 그늘을 환하게 만들고 계시다. 그 "아버지/꽃=복사꽃"이 핀 "당신의 감옥"에서 시인은 가지가 휘어지고도 꽃을 낸 산그늘을 바라보고 있는 것이다. 녹슨 괭이에 의존하던 아버지의 단단한 노동과 이제는 '권력

=감옥'에 갇혀 계신 순간을 함께 느끼면서 "온전히 견디는 이별"(「꽃샘추위」)을 통해 "그리운 것들을 소환"(「누룽지를 삶으며」)하는 순간을 누리고 있는 것이다. 다음에는 '어머니'다.

장 보따리 받아 든 아이
개구리 울음소리 지친 신작로 앞서 걷고
뒤따르는 아버지
투그닥, 투그닥,
낡은 구두 소리 두렁에 부딪혀
한 걸음 뒤처져 나뒹구네
산 멀리
비스듬히 하얀 달이 턱을 괴어 웃고
기다리던 송아지 눈망울에
졸음이 깊어지네
풀벌레 소리
덩달아 깊어지네

어머니는 차멀미에 장에 못 가시고
― 「어머니는 차멀미에 장에 못 가시고」 전문

시인에게는 '어머니'의 삶 역시 "가슴에 돌처럼 박힌 그리움"(「그리움은 감기처럼 낫는 것이 아니라서」) 같은 것으로 남았을 것이다. 어머니의 삽화는 차멀미를 하셔서 장에 못 가신 사연으로 남았다. 그러니 "장 보따리 받아 든 아이"는 개구리 울음소리를 들으며 신작로를 따라 아버지와 함께 장에 간 기억만 간직하고 있다. 송아지 눈망울에 졸음이 깊어졌을 때 돌아와서는 밤 풀벌레 소리가 깊어지는 순간을 기억하는 '아이'의 눈망울이 새삼 다가오는 듯하다. 그렇게 가족의 "사랑이 딱 자정만큼의 포옹이었으면"(「사랑의 거리」) 하는 소망은 지금도 여전히 시인의 삶을 감싸는 따뜻한 기원일 것이다. "가슴이 기억하는/모든 사랑은 눈물"(「코스모스」)이기 때문이니 말이다.

김계수 시인은 과격한 실험 정신이나 전위적 자세와는 언제나 거리를 둔다. 하지만 역설적으로 보면, 그러한 고전적 세계야말로 우리 시대에 위안과 치유를 동시에 주는 방향이라고 말할 수 있다. 충분히 낯익은 목소리와 표정이 오히려 우리가 시간의 빠른 속도 때문에 망각하곤 했던 삶의 본령 혹은 궁극적 의미 같은 것을 새삼 일깨워주는 기능을 해주기 때문이다. 낯익은 세계에서 자신을 일으키고 그 토양에 자신의 시적 뿌리를 지속적으로 내리는 그의 일관된 고투가 반가운 것도 그 때문일 것이다. 김계수 시인은 자신의 청안한 눈빛을 담아가면서, '아버지'와 '어머니'의 맑고 평안한 눈빛을 그려간다. 이때 그의 시는 까다로운 유추를 필요로 하지 않지만, 그렇다고 대중적 감상(感傷) 취향에 노출되지도 않는다. 다만 맑고 평안한 고백과 성찰을 통해 우리로 하여금 서정시의 오래된 본령과 만나게끔 해줄 뿐이다. 그만큼 그는 잡답(雜沓)이나 난해와는 거리를 두면서 구체성과 간결함을 중요한 자산으로 삼아왔던 것이다. 오랫동안 삶의 심층에서 언어를 조탁하고 매만져온 반듯한 정서와 견고한 언어를 결속하여 돌올한 결실을 보여준 그가 이번 시집에서 존재론적 기원을 향한 지극한 마음을 투명하게 보여준 것이다.

5. 타자들을 향한 따뜻하고도 지속적인 시선과 성정

다음으로 우리는 타자들의 삶과 생태를 점묘하는 장면을 이야기해볼 수 있을 것이다. 김계수 시인의 시선은 세계내적 존재로서 타자들이 가지는 슬픔이나 그리움 같은 것에 항상 초점이 맞추어져 있다. 하지만 그러한 정서가 시인을 우울한 비관주의나 짙은 허무감으로 몰아가지는 않는다. 오히려 그는 그것을 궁극적 자기 긍정으로 바꾸어내는 상황적 계기들을 풍부하게 만들어가면서, 그러한 조건들을 삶의 보편성에 대한 한없는 미학적 외경으로 바꾸어가는 역량을 발휘한다. 그래서 그의 시는 오솔길에 피어난 꽃 한 송이에 대한 관찰과 애착에서 발원하기도 하고, 보석처럼 순수한 빛을 간직한 시간들에 대한 헌사 형식으로 발화하기도 한다. 동시대의 타자들을 향한 시인의 따뜻하고도 지속적인 시선과 성정(性情)은 이러한 뿌리에서 가능했던 것이다. 이러한 김계수의 시는 실제 현실을 투시하는 안목과 미학적 갱신이라는 스스로의 요구를 원숙하게 받아들인 품이 결합한 미학적 결실인 셈이다.

버스 정류장 25시 편의점 앞
함양댁 식당이 헐리고 있다
함양댁 허리둘레 같은
무허가 기둥이 헐린다

김씨가 내일 새벽 공사판 일만 있었더라면
박씨가 한 병 더 마시자는 김씨의
부탁을 들어주었더라면,
길 잃은 고양이가
김씨에게 늦은 저녁을 구걸하지 않았더라면,
소주병을 비울 때마다 높아지는
두 사람의 목소리를 좁다란 평상이
평평하게 잡아주었더라면,
함양집이 무너지는 일은 없었을 것이라고

더러
사람의 품과 품에도
함부로 낯선 정이 드는 법인데
이까짓 무허가가 무슨 대죄냐고
땅을 두드리며 함양댁이 말했다

― 「무허가」 전문

 '함양댁'을 주인공으로 삼은 이 작품은 '무허가'로 운영되었던 그녀의 식당이 헐리는 장면에서 시작된다. "버스 정류장 25시 편의점 앞"이라는 공간이 그녀 삶의 주변성과 외곽성을 확연하게 암시해준다. "함양댁 허리둘레 같은/무허가 기둥"이 헐리는 순간, 그녀는 "더러/사람의 품과 품에도/함부로 낯선 정이 드는 법인데/이까짓 무허가가 무슨 대죄냐고" 호소한다. 이는 세상 자욱하게 인연을 구성하곤 했던 '무허가' 인생들의 비

애가 가득 묻어나면서, 거기서 살아가는 "사람들의 말은 바람으로도 기록되지 않았다"(「말의 무덤」)는 증언을 충족하는 따뜻한 관찰의 결과라고 할 수 있다. 동시에 이 작품은 "흔적 없이 고통 없이 사라졌을/무수히 이울어진 인연들"(「아픔 없이 사라지는 것들」)에 대한 시인의 애정을 크게 보여주는 뜻 깊은 사례로서 성큼 다가온다 할 것이다. 그리고 시인은 그 연장선상에서 '아내'의 형상을 호출하고 있다. 시인이 여기서 착목하는 '아내'는 훼손되기 이전의 원형적 삶과 오랜 상처의 흔적이 동시에 담긴 일종의 원형 심상으로 다가온다. 그 안에는 오랜 시간이 빚어내는 순간적 통일성이 존재하는데, '아내'의 형상 안에는 벤야민의 말처럼 외부 세계와 내면의 순간적 통일성이 존재한다. 그 점에서 시인에게 '아내'는 삶의 심층에서 만난 필연의 존재자이자 가장 궁극적인 질서를 찾아내게끔 해주는 심미적 아우라의 원천이 아닐 수 없을 것이다.

아내가 집을 나갔다. 그녀가 채워주고 간 보온밥통 뚜껑이 열리지 않은 지 138시간. 동안 아직도 그녀는 나가고 있는 중이다. 식탁에 올려 둔 장바구니에서, 냉장고 벽면에 붙은 공과금 영수증에서, 처음의 온기를 잃지 않는 밥통에서, 반짝반짝 윤나게 닦아 둔 빈 그릇과 그녀가 아끼던 냄비에서 천천히 빠져나가고 있다.

아내가 집을 나갔다. 혼자 남은 뒤로 들어간 적이 없던 큰방 화장대 위에 마른 지문이 야위다. 싸구려 화장품 뚜껑에 쌓인 먼지 속으로 마른 향기가 알은체한다. 집 나가던 날 벗어 놓은 무릎 튀어나온 잠옷

에서 멍든 피부가 빠져나가고 있다. 걸려 있는 옷가지에서 가난이 기뻐하며 새어 나간다.

장롱 속문을 열다가 헐거워진 옷 사이에서 발견한 아내의 흰 생리대. 첫 아이를 낳은 이후로 한 번도 날지는 못했지만, 산부인과 의사가 내게 맡긴 그 아름답고 오랜 날개가 잠들어 있다. 늘 아내와 같이 날아가고 싶었던 부끄러운 몸 하나가 잠들어 있다. 차마 버릴 수 없었던,

아내가 날개를 찾으러 다시 올까

—「아내의 가출」 전문

이 작품은 "아내가 집을 나갔다."라는 도발적 표현으로 시작된다. 아내는 보온밥통과 장바구니와 공과금 영수증과 빈 그릇과 냄비에서 천천히 빠져나가고 지금 없다. 살림살이의 고단한 세목에서 아내가 빠져나간 후, 시인은 큰방 화장대 위에서 마르고 야윈 지문을 발견하고, 화장품 뚜껑에 쌓인 먼지에서 아내의 마른 향기를 느낀다. 그녀의 멍든 피부와 가난이 하나둘씩 새어 나간 순간, 시인은 역설적으로 가장 아름답고 오랜 날개를 발견한 것이다. 그리고 "늘 아내와 같이 날아가고 싶었던 부끄러운 몸"을 아프게 찾아낸다. 그렇게 아내의 가출은 "흔드는 바람으로만 너를 기억"(「아프지 마라, 이 가을에는」)하지 않고 "끝내 닿지 못하는 내 그리움"(「이 밤을 보내고」)을 노래하는 순간을 불러온 역설의 계기가 되어준 것이다.

우리는 선한 이들의 위엄에도 불구하고 더 강력한 외부의

힘에 의해 그들이 패배해가는 비극성이 우리 시의 내면에 강하게 흐르고 있는 것을 안다. 우리 시에 나타난 다양한 언어적 실험의 건너편에 환멸과 죽음의 상상력이 웅크리고 있는 것 또한 잘 알고 있다. 우리가 이러한 비극성과 환멸을 복원하면서도 인간 존재의 근원에 다가가 보려는 근원적 상상력을 강조하는 것은 어쩌면 마땅한 일일 것이다. 일찍이 '아방가르드'를 야만에 대한 고통의 미메시스로 규정했던 아도르노의 규정을 따른다면, 김계수 시의 비극성과 환멸을 넘어서는 따뜻한 시선과 성정은 '서정의 아방가르드'라고 비유해도 좋을 것이다. 말하자면 타자들의 고통에 자발적으로 연루됨으로써 시인은 그러한 고통의 미메시스를 구현해내는 안목과 표현을 보여주는 것이다. 그 점에서 김계수는 우리 시대의 가장 깊은 심저(心底)에서 고통을 증언하고 보듬어가는 시인이다.

6. 심미적 실존의 노래로서의 '시'

서정시가 근원적인 사랑의 에너지를 구현하려 한다는 것은, 주체와 세계가 분리되어 있는 경험으로부터 그것의 통합을 도모하려는 성격이 서정시에 본질적으로 담겨 있다는 것을 함의하는 것이다. 이러한 서정시의 속성을 오래도록 지키고 확장해온 김계수 시인은 그 안에 '시'에 대한 가멸찬 사랑의 에너지를 결집해간다. 그리고 이러한 비밀을 발견하고 노래하는 그의 품과 격은, 절실한 사랑의 시학으로 번져온다. 일찍이 발레리는 참된 시에 관하여 "숭고한 아름다움에 대한 인간의 열망"이라고 했는데 김계수의 '시'에 대한 인식은 숭고한 아름다움에 대한 열망을 각인해가는 것이라 할 수 있다. 이때 그의 상상력은 상투적인 사물 예찬으로 흐르지 않고, 숭고한 '시'에 대한 절절한 희원의 세계로 향한다. 그리고 그것은 '시(詩)'라는 가장 고전적인 열망의 세계로 천천히 이월해간다. 이때 '시인 김계수'가 새롭게 조형되고 완성되어간다고 우리는 말할 수 있을 것이다. 말을 바꾸면 심미적 실존의 노래로서 '시'가 그의 몸에서 비롯하는 것이다.

> 덕재 형이 하얀 풀꽃을 보내왔다
> 동인지 실어라고
> 밭 갈다 생각났노라고
> 밭에서 갓 피어난 하얀 꽃을
> 흙도 털지 않고 보내왔다
> 애써 기다리지 않아도
> 때 되면 내게도 환하게 피었을
> 여린 풀꽃을 한 삽 푹 퍼서
> 봉투도 없이 전해왔다
> 잘 핀 들꽃 다칠까 염려하여
> 내게 오는 동안 시들까 걱정하여
> 흙 파던 삽으로 꽃보다 더 둥글게 쓰서
> 잎으로 다듬고 고운 흙으로 보듬어서
> 당신의 얼굴보다 더 순한 언어로
> 동인지에 실어라고
> 밭 갈다 생각났노라고

밭에서 시를 한 삽 보내왔다

잘 편 들꽃 흙도 털지 않고

— 「풀꽃처럼 시가 왔네」 전문

휴대폰 문자 메시지를 통해 덕재 형이 보내온 "하얀 풀꽃"은 밭을 갈다 발견하여 흙도 털지 않고 찍은 사진에 담겨 전해진 것이다. 그런데 덕재 형은 그것을 동인지에 실으라고 한다. "밭에서 갓 피어난 하얀 꽃"은 애써 기다리지 않아도 때 되면 환하게 피어나는 "순한 언어"였기 때문이다. 그렇게 여린 풀꽃을 한 삽 푹 퍼서 봉투도 없이 전해져온 순간이 바로 '시적 순간'임을 시인은 고백한다. 밭 갈다 생각난 "한 삽"의 시야말로 풀꽃처럼 생명적이고 원형적인 '시'에 대한 고백을 만들어낸 촉매제였던 것이다. 삶을 살아가다 "발걸음 느려지고 향기는 앞서가는"(「꽃, 입에 물면」) 순간에 시인은 가장 원형에 가까운 세계, 그래서 흙도 털지 않고 천연의 세계를 노래한 것이다. 그것은 어쩌면 '언어 이전'이자 '언어 너머'에 있을 "무게를 가진 생명"(「비 그친 후」)에게 가장 커다란 '시'의 명명을 허락한 결과일 것이다. 그래서 이 작품은 시인이 상상하고 가닿으려는 시의 표지(標識)가 되고도 남는 작품인 셈이다. 다음의 작품도 그러한 명명 작업을 돕고 있지 않은가.

두 입이 마주 보며 춤을 춘다

흰 나비 날갯짓 입가에 부풀고

서로의 얼굴 사방으로 곱게 앉히며

펼쳐 온 큰 몸짓 무대 가득하다
인류 태초의 언어가 수화였다는 사실을
지금도 아기는 수화로 옹알이한다는 사실을
그런 희고 태초의 언어를 잊은 지 오랜 사람들
무대 먼 곳에 서서
서성거린다

던지는 손짓, 올리는 발짓, 뒤트는 몸짓
오직 가슴으로만 풀어야 하는
그런 가슴에 밀착된 이야기
오롯이 희고 순한 몸짓으로만 읽는
사람들 모두의 감사한 춤
사람들 모두의 기도하는 춤
꽉 막힌 무대의 벽을 향해
하얀 씨앗 뿌리며
사라지는 깊고 깊은 이야기

두 입이 마주 보며 춤을 춘다
꺾인 팔과 접힌 다리, 숙인 고개가
하얀 고쟁이 속에서 모습을 내미는가 싶더니
막을 알리는 노랫소리 울리고
춤추던 입들의 미소 환하다
무대 먼 곳 서성이는 무리에서
태초의 언어를 기억하는 얼굴을 발견한 듯

> 눈으로 답하는 그렁그렁한 아이를 발견한 듯
>
> ―「수화」 전문

 온몸으로 상대방에게 말을 건네는 '수화(手話)'는 "인류 태초의 언어가 수화였다는 사실"과 "지금도 아기는 수화로 옹알이한다는 사실"을 시인이 강조하면서 새로운 '시'로 태어난다. 서로의 얼굴 곱게 앉히면서 펼쳐온 "큰 몸짓 무대"를 바라보는 시인은, "태초의 언어를 잊은 지 오랜 사람들"이 그저 "무대 먼 곳에" 서성거리는 것을 목도한다. 이때 오직 가슴으로만 풀어야 하는 이야기를 몸짓으로 읽는 사람들의 감사와 기도를 담은 "깊고 깊은 이야기"야말로 김계수 시인이 열망하는 '시'의 핵심적 표상이자 지표가 되는 셈이다. 시인이라면 모름지기 "무대 먼 곳 서성이는 무리에서/태초의 언어를 기억하는 얼굴을 발견한 듯/눈으로 답하는 그렁그렁한 아이를 발견한 듯" 하는 순간을 증언해야 되기 때문이다. 그렇게 김계수 시인은 눅눅한 세월을 지나 한결 너른 품을 가지게 되는 자기 심화의 과정을 보여준다. 그것은 자신의 '시'를 사유하는 것으로 나아가면서 '시'란 수화처럼 스스로의 삶을 감싸안는 심미적 실존의 노래가 된다는 점을 강조하는 것으로 나타난다.

 이처럼 그는 자신의 기억 속에 녹아 있는 기층의 언어를 한껏 활용하면서, 시가 결국 현실과 기억을 결속하여 현상하는 고백적이고 성찰적인 양식임을 선언한다. 그래서 그의 시에는 일상의 세목이 드러나는 경우는 많지 않지만, 자신과 더불어 한세상을 살아온 이들에 대한 기억의 책무를 다하는 시편들은 적지 않다. 김계수 시인은 그렇게 심미적 실존의 노래로서의 '시'를 사유하고 '시'를 통해 삶을 구성해온 절절한 과정을 우리에게 들려주고 있는 것이다.

원천적으로 서정시는 시인 자신의 실존적 고투를 핵심으로 삼는 고백 양식이다. 거기에는 한 시대의 주류적 힘과 길항하면서 개성적 사유와 감각을 통해 새로운 상상적 질서를 구축하려는 시인의 열망이 담겨 있게 마련이다. 물론 김계수 시인에게 이러한 상상적 질서는 잃어버린 서정시의 위의(威儀)를 세우려는 고전적 열망과 닿아 있다. 또한 그의 시는 가장 전형적인 시간예술인데, 서정시 작법이 시간의 흐름에 의해 완성되고 시를 향수하는 데 시간의 흐름이 동반된다는 측면에서 서정시의 시간예술로서의 속성은 분명해 보인다. 서정시가 시간 자체를 대상으로 하는 예술이라는 측면에서도 그러한 진술은 가능하다. 서정시를 삶의 순간적 파악에 기초한 언어예술로 정의한다 해도 사정은 마찬가지다. 그 순간이란 오랜 시간의 흐름이 온축되어 있는 '충만한 현재형'일 테니까 말이다.

그렇게 김계수의 시에는 인간이 정해놓은 인위적 경계나 표지(標識)가 지워졌을 때의 자유로움이 그려진다. 그리고 그 자유로움이 우리로 하여금 주류적 흐름 속에서 잃어버렸던 서정시의 속성과 원리를 탈환하고 회복하게끔 유도해간다. 이번 시집은 이러한 섬세한 사유와 감각 그리고 삶의 근원에 착목하고 다양한 심층에 대한 원형적 탐구를 경주한 시간이 결속한 결실이라 할 수 있을 것이다. 그래서 우리는 삶의 근원과 심층을 노래하는 원형적 서정이 담긴 이번 시집의 출간을 축하드리면서, 김계수 시인의 시적 진경(進境)이 시간이 갈수록 빛을 더해가기를 마음 깊이 희원해보는 것이다.